Astrología

La autora

Brenda Valentín, psicóloga y astróloga dominicana, combina estas dos ciencias y las presenta como un instrumento único que permite alcanzar el crecimiento personal y espiritual. Por más de 15 años ha ayudado a cientos de personas, tanto en su país como en el extranjero, a través de terapias astropsicológicas y consultas.

Actualmente es la productora de la Revista Armonía, que trata el tema de la astrología y todo lo referente al crecimiento humano, la salud física y psicológica.

Su interés y estudio por las ciencias ocultas la llevaron a buscar una disciplina que le permitiera tener un encuentro personal con Dios, esto lo encontró en el yoga, integrándose a Self-Realization Fellowship, cuyo Maestro y fundador es Paramahansa Yogananda, institución a la que pertenece hasta la fecha.

Astrología

Una guía simple para
el éxito personal y el autoconocimiento

Brenda Valentín

Llewellyn Español
Woodbury, Minnesota

PRIMERA EDICIÓN
Primera impresión, 2006

Diseño de la cubierta: Ellen Dahl
Diseño del interior: Donna Burch
Edición: Eva Palma-Zúñiga • Edgar Rojas
Ilustraciones del interior: Llewellyn Art Dept.
La carta circular fue creada por el programa Kepler, bajo el permiso de
Cosmic Patterns Software, Inc. (www.AstroSoftware.com)

Llewellyn es una marca registrada de Llewellyn Worldwide, Ltd.

Library of Congress Cataloging-in-Publication Data (Pending)
Biblioteca del Congreso. Información sobre esta publicación (Pendiente)

ISBN-13: 978-0-7387-0993-2
ISBN-10: 0-7387-0993-X

Llewellyn Español
Una división de Llewellyn Worldwide, Ltd.
2143 Wooddale Drive, Dept. 0-7387-0993-X
Woodbury, MN 55125-2989, U.S.A.
www.llewellynespanol.com

Impreso en los Estados Unidos de América

Contenido

Palabras preliminares

Hace algunos años, si alguien me hubiese dicho que algún día me iba a dedicar a la astrología, seguro que le hubiese contestado categóricamente que se equivocaba, pues aunque sabía que el cosmos ejerce su influencia sobre todo lo que existe en la Tierra, ignoraba su trascendencia en la vida de los seres humanos. Pensaba que era una práctica de prestidigitadores y adivinos para ganar dinero y aprovecharse de la ingenuidad de sus consultantes.

Algo semejante te podría estar pasando a ti mientras lees este libro, pero no es más que la inclinación natural a prejuzgar, sin estudiar o verificar las informaciones que se reciben. Partimos de esquemas aprendidos a través del ambiente y de las circunstancias que nos rodean y los damos por válidos. Esto es debido a que oponemos resistencia a lo desconocido, que nos produce temor, limitando así nuestro crecimiento e impidiendo que valiosas ayudas lleguen a nosotros en un momento dado.

En mi caso, llegado el momento cósmico, se conugaron aspectos marcados en mi carta natal que determinaron mi acercamiento a la astrología. Un día me invitaron a un curso de cosmobiología, palabra que entonces no asociaba a la astrología.

Ya en el curso me di cuenta que todo el material por estudiar era astrológico, pero era tarde para retirarme. Desde del primer día me interesé en el tema y comencé a ver la astrología desde otra óptica.

Mi interés al escribir este libro, es compartir contigo mi experiencia con la astrología en una dimensión más amplia, que no se limite únicamente a predecir el futuro, sino que abarque lo que realmente es: un instrumento muy útil para el crecimiento integral del individuo.

Por ello animo a las personas que se dediquen a esta ciencia a ponerse al servicio de sus semejantes, y a que lo hagan con el amor que caracteriza a aquellos que sirven a la humanidad. En este caso, su práctica astrológica producirá beneficios espirituales, que son los que permanecen y nos impulsan en el desarrollo de nuestra evolución.

Por último, deseo testimoniar, antes de concluir estas palabras preliminares, que en su gran mayoría, las personas con las que he trabajado han sido verdaderos maestros para mí; han incrementado mi deseo de investigar profundamente el significado de la vida y me han aportado mucha comprensión de la conducta de los seres humanos, lo cual antes era algo ajeno a mi entendimiento. A todas esas personas quiero expresarles mi agradecimiento por haberme permitido acceder a sus experiencias, las cuales han enriquecido mi vida.

Introducción

Los labios de la sabiduría permanecen cerrados,
excepto para el oído capaz de comprender.

—El Kybalión

El contenido de este libro es más didáctico y vivencial que técnico; te llevará a través de ejemplos sencillos a entender la astrología para que con ella puedas alcanzar la comprensión de tu vida y su significado, en un ámbito mucho más amplio que el habitual, en el ámbito cósmico.

Tras quince años de práctica astrológica mi único deseo es compartir este libro contigo. Acéptalo con el amor que te lo entrego y que sirva para tu crecimiento personal y para despertar a una extensión más amplia de tu conciencia.

En los dos primeros capítulos me refiero a la temática de la astrología de manera muy general. El lenguaje y estilo que utilizo son sencillos, no uso palabras técnicas y si en algún caso se requieren, explico su significado para tu mejor comprensión. Así como también elaboré un glosario para las palabras técnicas, el cual aparece al final del libro.

Dos propósitos inspiran mi trabajo:

Dar a conocer la astrología como una herramienta de autoconocimiento; y despertar el interés por la astrología como un instrumento de orientación que guíe el desarrollo de tu vida.

Desde la antigüedad la astrología ha sido una herramienta funcional y eficaz para el auto-conocimiento, o conocimiento de nosotros mismos, el cual se facilita cuando somos conscientes de nuestra forma de ser, de nuestras características como personas, ya sean positivas o negativas. La forma de ser de cada uno de nosotros, está inscrita en nuestra carta natal, por eso la astrología es una fórmula comprobada para alcanzar este fin.

La astrología es útil para aquellos que buscan en ella un medio de crecimiento y de auto-conocimiento, es una ciencia capaz de revelar los secretos del Cosmos, pero sólo a quienes la practican con nobleza, pues aquéllos que la buscan sólo por curiosear o a los que la ejercen como medio de negociar o engrandecerse de manera egoísta, les está negado su significado intrínseco.

Mi experiencia como astróloga ha sido muy gratificante y provechosa. He logrado profundizar en el comportamiento del ser humano desde el punto de vista existencial. Por tal razón, pretendo en este trabajo aportar un grano de arena en el proceso del auto-conocimiento, que es tan vasto como el universo mismo.

Entendiendo la astrología

Como arriba es abajo, como abajo es arriba.
—El Kybalión

Para entender mejor el tema que vamos a tratar, utilizaré una analogía que me parece muy similar a lo que ocurre con la vida de todas las almas que reencarnan en este planeta.

En el principio de los tiempos se encontraba Dios paseándose por el firmamento, y viendo que todo lo que él había creado era bueno, observó un planeta azul muy lindo que le llamó la atención y se dijo: este planeta será mi teatro en el cual me divertiré realizando diferentes papeles. Pero luego se dio cuenta que no podía manifestarse tal como era en el plano material y decidió colocar una chispa de su divinidad en cada alma que iba a reencarnar en la Tierra.

Dios, muy entusiasmado con su proyecto, llamó a todas las almas que estaban dispuestas a realizar su evolución en la Tierra, y descubrió que millares de ellas, deseaban participar. A cada una Dios le colocó su chispa divina en medio del corazón y les dijo: "Hijas mías ustedes son YO y YO soy ustedes, tan pronto desciendan a la Tierra, olvidarán esto en su intelecto, pero en la memoria de sus corazones siempre sabrán que YO SOY…"

"Una última recomendación les doy, todo el universo determinará el guión que cada una de ustedes va a actuar en el plano material y desde el infinito espacio cósmico Yo estaré disfrutando de mi Gran Obra". Luego de dejar todo perfectamente arreglado, con los astros y las estrellas en sus órbitas, Dios se marchó para experimentar en sí mismo su Gran Obra, desde su trono en el infinito.

Esta analogía se fundamenta en que la vida es similar a una obra de teatro, donde cada ser humano tiene un papel como actor, que cuando se sube el telón nace, y cuando baja el telón muere. Entre nacer y morir se desarrolla la obra, la cual queda escrita en el Cielo tan pronto el niño respira por primera vez.

Somos actores en esencia, a eso venimos al mundo, a desarrollar un papel que nos dará la destreza necesaria para seguir avanzando en la cadena evolutiva y retornar a nuestro hogar divino, Dios en su esencia. En la carta natal, los Signos Zodiacales representan la decoración del escenario, las Casas Astrológicas, el escenario donde se lleva a cabo la obra de nuestra vida en la Tierra y los Planetas, el guión a representar.

El teatro de la vida

Para explicar mejor algunos conceptos astrológicos, tomaré el caso de Peter, un cliente de muchos años.

Peter es Licenciado en Mercadeo, en los cuatro años que lo tuve como cliente pasó por tres grandes empresas y cada una, con la llegada de Peter subía como la cerveza. Desde que él tomaba las riendas de la empresa ésta aumentaba las ventas y el producto era reconocido a nivel nacional, lo cual parece incomprensible. Cuando Peter llegó a mi consulta y me expresó que en los trabajos siempre tenía mucho éxito y reconocimiento de sus superiores y del público, pero que con el tiempo se aburría y buscaba otra empresa, la cual siempre estaba en crisis financiera.

Al analizar su carta natal me di cuenta que Peter tenía en su Casa X al signo de Aries, área que representa el escenario de la proyección profesional y social, con un bello Sol en Aries, signo desde el cual el Sol irradia su mayor y exuberante energía, pero además en esa misma casa tiene también a Venus, planeta de las bonanzas y las cosas agradables de la vida. Ese es el escenario en lo que respecta al área profesional de la obra de Peter: Una vida llena de éxitos en lo profesional.

Al mismo tiempo, Peter como actor tiene que representar un papel, lo cual está marcado por las vibraciones planetarias, que nos muestran las capacidades o posibilidades que tenemos para desempeñar nuestro papel en la vida. Peter llegó a la vida con el talento de hacer un buen papel en lo que respecta a su proyección pública y profesional y por ser del signo Aries, posee todas las mejores cualidades del astro rey en su mayor esplendor.

Sin embargo su Ascendente es el signo de Cáncer, lo cual significa que en el momento exacto de su nacimiento, Cáncer ascendía en el horizonte Este. Signo que simboliza lo tradicional, lo familiar, la sensibilidad, la tenacidad y todas aquellas actitudes que tienen que ver con la protección y nutrición.

Debido a la sensibilidad que el signo Ascendente (Cáncer) le ofrecía a Peter, le estaba preocupando este impulso que sentía por cambiar de empresa tan pronto llegaba al tope de sus retos, después de triunfos increíbles él se hastiaba del trabajo. Pero no podemos olvidar que Peter es de signo solar Aries, un signo que simboliza los inicios y la impulsividad en el actuar y aunque fuera Ascendente Cáncer, signo sensible y tenaz, su Sol brillando en la Casa X, casa del Medio Cielo, lo llevaba siempre a iniciar nuevos retos.

El Medio Cielo es donde está escrito nuestro destino y en este caso el destino de Peter es levantar empresas que están en crisis, ese es su aporte a la humanidad. Me atrevería a afirmar que todo signo y planetas en esta área determinan a realizar acciones que nos proyectan hacia la opinión pública.

Por otro lado, Peter posee un temperamento dinámico por tener la mayor cantidad de planetas en los signos de fuego y es la razón por la cual no puede permanecer mucho tiempo en un trabajo, necesita hacer, no importa qué; y cuando siente que ya no hay movimiento, ni acción, ni retos a vencer en lo que está realizando, cuando todo marcha sobre rieles, esto le quita motivación a su creatividad. El temperamento es intrínseco en todo individuo, para Peter los trabajos que se vuelven rutinarios lo desesperan y por eso los abandona.

Cada uno de nosotros nace con una actitud distinta para enfrentar la vida. Esta actitud está determinada por el temperamento o forma de ser del individuo, que se nos revela en los Elementos, los cuales están representados por los cuatro arquetipos esenciales que aparecen en la naturaleza: el Elemento Fuego (Temperamento Dinámico), el Elemento Tierra (Temperamento Práctico), el Elemento Aire (Temperamento Planificador) y el Elemento Agua (Temperamento Sensible).

La otra condición que determina nuestra disposición en la vida es el carácter, que puede ser: Cardinal (Carácter Líder), Fijo (Carácter Independiente) o Mutable (Carácter Adaptable). Siguiendo con el caso de Peter, por tener la mayor cantidad de puntos planetarios en los signos cardinales, la disposición de Peter es de liderazgo. Esta disposición le proporciona el don de mando que lo caracteriza y le ayuda a lograr sus objetivos profesionales, sabe dirigir las propagandas publicitarias y también a sus subalternos.

Astrología y reencarnación

Todo esto tiene sentido, porque la astrología nos explica el concepto de la reencarnación, lo cual significa que el alma toma en diferentes cuerpos físicos diversos roles, mediante los cuales desarrolla un proceso de aprendizaje. Dicho proceso la conducirá al momento cósmico en el cual se transformará en creadora y directora a su vez, en otros espacios y otros tiempos, ejerciendo así su esencial potencialidad de expansión infinita.

Para enriquecerse con experiencias durante encarnaciones sucesivas, el alma desempeña diferentes papeles: el de rey y mendigo; padre e hijo; guerrero y pacificador; esposo y amante; loco y cuerdo; genio e imbécil; víctima y verdugo; hombre notable y hombre anónimo, y tantos otros como pudiera necesitar hasta llegar al final de su evolución.

Por citar un ejemplo simple, podríamos decir que si un alma hoy día encarna a una princesa, significa que probablemente, en sus encarnaciones anteriores esta misma alma sufrió muchas miserias y nunca aprendió otra cosa que no fuera luchar día a día por conseguir comida. En esta encarnación necesita aprender nuevas cosas, lidiar con otro tipo de necesidades y así aprender de esta experiencia.

Por supuesto, en este ejemplo sólo estamos tratando un aspecto económico y social, pues también puede pasar que un alma que fue muy amada en encarnaciones pasadas, en esta encarnación experimente la soledad.

Al igual que en todo proceso creativo, en nuestro universo físico hay un principio y un final; así como hay un Día Cósmico (inicio de la creación) hay una Noche Cósmica (final de la creación) que, a su llegada cubrirá nuestro universo devolviéndolo al Vacío Absoluto (Dios en su aspecto de no manifiesto), donde toda experiencia cósmica se repliega en su Centro y desde el cual, después de un tiempo cósmico, el Gran Dios muestra su aspecto creativo al despertar a un Nuevo Día de manifestación. Entonces el alma abandonará de nuevo el plano divino para actuar en un nuevo ciclo de existencias físicas en el Gran Teatro Cósmico del mundo.

¿Qué es la astrología?

El tema de la astrología es muy amplio en su conjunto, por ello, no pretendo tratarlo en su totalidad, sólo me limitaré a los aspectos que domino con mayor destreza.

Los orígenes de esta ciencia se pierden en el tiempo, tal como se pierde el eslabón del hombre. No se sabe con exactitud quién o quiénes la iniciaron; sin embargo, ha permanecido a pesar de todos los intentos por erradicarla, teniendo sus períodos de ocultamientos y de apertura a lo largo de la historia de la humanidad.

Los primeros documentos que aparecen en la historia de la astrología fueron encontrados en las ruinas de Nínive y pertenecían a la biblioteca de un rey asirio llamado Asurbanipal. Estos textos astrológicos aparecieron entre millares de tablillas de barro cocido, escritas en caracteres cuneiformes, las cuales pueden ser contempladas hoy en el British Museum.

Se presume que los primeros en usar la astrología fueron los caldeos, los asirios y los babilonios. La primera obra de astrología que se conoce data alrededor del año 2750 a. de J. C., época del reinado de Sargón de Agade, y contiene la compilación de acontecimientos señalados según los eclipses solares.

Astrología y astronomía

La astronomía es la ciencia que se ocupa de los fenómenos celestes: predice cuándo se producirá un eclipse solar o lunar, cuándo aparecerá un cometa y los lugares donde se hará visible, mientras que la astrología es la ciencia que estudia los fenómenos celestes con relación a su influencia sobre el carácter y la conducta humana.

La astrología se apoya en las informaciones obtenidas por la astronomía, para determinar la influencia de los fenómenos celestes sobre el comportamiento humano.

Cuando en astrología le otorgamos a un planeta un determinado significado, es por su posición astronómica en el sistema solar, y por lo que este planeta representa en relación al día de nacimiento de la persona o el día en que ocurrió la situación que lo afecta en un lugar y un momento determinado.

Decir que dos planetas están en cuadratura en un momento dado, es astronomía. Afirmar que una persona nacida un día, a una hora y en un lugar determinado experimentará una crisis al cumplir 18 años es astrología. Astronomía y astrología se complementan, porque la posición de los planetas que indica la astronomía le permite al astrólogo saber que a esta persona, llegados los 18 años vivirá una crisis debido a la activación de estas energías astrales sobre su personalidad.

La astrología no predice sucesos, sino fases en el desarrollo del individuo. Para determinar esto, es necesario considerar la carta natal y su desarrollo en el tiempo como un conjunto, nunca aisladamente.

La astrología se basa en los datos que entrega la astronomía, información relacionada a la posición de los planetas en el cielo, sin estos datos sería muy difícil para los astrólogos establecer con exactitud la posición de los planetas en el cielo. Los astrólogos de la antigüedad se veían obligados a recurrir a cálculos complicados para levantar los horóscopos de los príncipes y reyes que solicitaban sus servicios. Hoy, la Era de Acuario proporciona muchas facilidades para que las personas interesadas en esta ciencia puedan tenerla a su alcance.

De la era de Piscis a la era de Acuario

La Era actual ha desarrollado el conocimiento de la mente superior, el avance de la tecnología, la investigación de fenómenos paranormales y los viajes espaciales.

La Era de Acuario es también la Era de la astrología. El hombre moderno ha logrado adquirir muchos conocimientos basados en las influencias de esta era, lo que ha facilitado que muchas personas tengan acceso a la astrología.

Al desarrollo de la mente superior responde la apertura de todas las ciencias del saber, las cuales en la era anterior, la Era de Piscis, se mantenían ocultas y su acceso estaba limitado a muy pocas personas. En la Era de Piscis las influencias correspondían al desarrollo de las ciencias esotéricas y mágicas, así como a las cualidades mediúmnicas del individuo.

En la era pisciana, el conocimiento superior era exclusivo de una reducida minoría, pues el hombre en su proceso evolutivo aún no desarrollaba su mente superior, más bien se encontraba en el proceso de desarrollar "el sentir", característica pisciana por excelencia. Por esta razón, las cualidades que más se desarrollaron estaban representadas por la alquimia, la magia y el espiritismo, todas pertenecientes al simbolismo de Piscis.

Cada era lleva a la humanidad a vibrar con sus características fundamentales. Aunque queramos seguir otro camino, la influencia del signo que preside una era nos arrastra a cumplir con los designios cósmicos inherentes a ella.

La ciencia y la tecnología que el hombre ha alcanzado en esta Era de Acuario, han estado incidiendo de forma directa en el comportamiento humano. La publicidad, manipulada para que el individuo adquiera un producto aunque no lo necesite, ha generado un mayor consumismo, que a su vez ha provocado el estrés y la ansiedad por poseer cosas que no poseía el hombre de antaño (carros, nevera, televisor, aire acondicionado, computadoras, etc.)

No es que los avances tecnológicos sean malos para el hombre, pues nos han facilitado muchas tareas que antes eran muy pesadas y difíciles de realizar, el punto es, que el avance de la ciencia y la tecnología sin el humanismo nos ha llevado a aumentar los estados estresantes y nos podría convertir, al cabo de un tiempo, en robots humanos.

Del mismo modo que la ciencia y la tecnología influyen en el comportamiento humano, influyen también en la astrología, que en la actualidad se encuentra regida por el espíritu de la Nueva Era, la cual está dando paso al desarrollo del humanismo y la fraternidad, cualidades necesarias en la expresión del hombre superior que estamos llamados a ser.

La Nueva Era pertenece al signo de Acuario y debemos empezar a actuar de acuerdo con la corriente propia de su espíritu, sobre todo, las personas que nos dedicamos a brindar un servicio astrológico, porque queramos o no, la astrología se manifestará abiertamente. Ya no será la disciplina esotérica y mágica de la Era de Piscis, sino la científica y humana de la Era de Acuario, abierta plenamente a la realización del hombre.

La astrología:
un instrumento de autoconocimiento

Soy un feto en el vientre de la Madre Universal;
embrión cósmico en el Útero del Universo.
Siento el movimiento de las Fuerzas Universales gestando mi cuerpo cósmico.
Cada partícula de mi Ser fluye hacia una nueva Constelación en latentes
palpitaciones continuas hacia el Infinito.

—La autora

Siempre me he preguntado por qué los seres humanos queremos información sobre nuestro futuro sin antes conocernos a nosotros mismos. ¿De qué nos serviría una información si no sabemos cómo usarla? Es por nuestra propia naturaleza que deseamos saber el futuro, desearíamos que nos digan lo que va a suceder mañana, aún cuando no hemos resuelto el problema de hoy. Dicho sea de paso, estos problemas que nos afectan, siempre están en nosotros, no en las circunstancias.

El estar consciente de que nuestra vida es el fruto que sembramos en existencias anteriores, nos permite vivir esta vida de forma más provechosa para evolucionar. La aceptación de este concepto nos facilita la identificación con nuestra alma y que vivamos armónicamente entre los avatares de la vida. Si reconocemos ciertas debilidades de nuestro carácter, no tenemos que asumir esa condición y cruzarnos de brazos, sino que conociéndolas, podemos hacer un mayor esfuerzo para lograr superarlas.

Al hacer conciencia de tus debilidades puedes empezar a superarlas, trabajando con paciencia y constancia en unión de tu astrólogo o psicólogo si fuese el caso, y así empezarás a experimentar tu crecimiento como individuo, lo que te llevará a una vida más plena y de mayores éxitos. Aunque en tu vida se presenten retos por vencer, con cada logro recibirás una mayor satisfacción, pero esto debes experimentarlo por ti mismo, nadie lo podrá vivir por ti.

Existen muchos casos en la historia de la humanidad donde ciertos personajes han tenido limitaciones físicas y emocionales, las cuales les han servido de motor propulsor para su crecimiento. Han podido sobreponerse a ellas a pesar de las circunstancias adversas, siendo ejemplos de valentía para nosotros. Estas personas en vez de sumirse en la pesadumbre que provoca una limitación, se han dedicado a aportar a la humanidad el potencial de cualidades que traen, posiblemente de vidas pasadas, un ejemplo de esto es el caso de Jorge Luís Borges, quien a pesar de su ceguera, hizo un gran aporte a la literatura contemporánea.

Esto nos indica que tanto las cualidades positivas como las negativas son necesarias en la vida de todo ser humano; es cierto que los retos por vencer producen tensión y malestar y que las crisis a veces son muy dolorosas, pero también es cierto que, tanto una como la otra nos impulsa a lograr objetivos; muchas veces una vida llena de facilidades nos hace perezosos, limitando así nuestra evolución.

El astrólogo como terapeuta

Generalmente, la persona que se acerca a la consulta astrológica experimenta un vacío existencial o está pasando por una crisis, y en este estado de desamparo se expone a caer en manos de personas que no conocen ni un ápice de la psicología humana, corriendo así el riesgo de causarse mucho daño y a la vez perder la oportunidad de utilizar la astrología como una herramienta para su auto-conocimiento, ya que al recibir una información mal elaborada por un astrólogo incompetente, claro está que rechazará a la astrología, y esta es una circunstancia que sucede con frecuencia, pues existen personas que ejercen el oficio sin conocer mínimamente la psicología humana. Es por eso que antes de visitar a un astrólogo, es recomendable buscar información sobre él o ella, referente tanto a su trabajo como a su comportamiento como ser humano.

Un buen astrólogo nos ayuda a conocer las predisposiciones que traemos al nacer, a aceptarlas y asimilarlas, sean agradables o desagradables; también nos ayuda a desarrollar al máximo nuestras potencialidades; enseñándonos a enfrentar con objetividad cada situación que se nos presente. Porque cada situación que nos ocurre, es fruto de nuestras acciones en existencias pasadas, por lo que no debemos culpar a nadie cuando no recibimos lo que creemos merecer.

La función del astrólogo es orientar al individuo en lo que se refiere al desarrollo de su vida. Debe estar dispuesto a acompañar al consultante con una terapia de apoyo en los momentos de crisis, por lo cual es importante que el astrólogo conozca la psicología humana. En caso de que no posea este conocimiento por la vía académica, si es honesto, debería enviar al consultante a un psicólogo.

Acuario, signo del humanismo y la fraternidad, proporcionará las condiciones necesarias para que el hombre abra su corazón al amor universal. Todavía esa forma de amor es una excentricidad, pero dentro de unos años será una condición natural en todos los seres humanos.

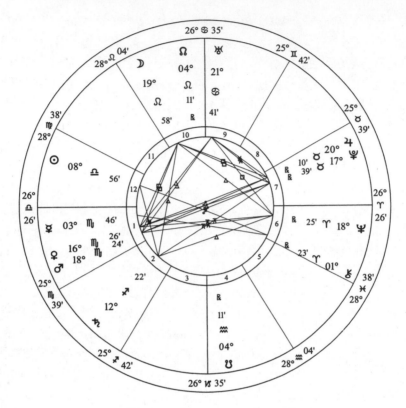

¿Qué es una carta natal?

La carta natal es el mapa de ruta que escogió el alma para realizar su viaje a través del plano físico y obtener las experiencias necesarias para su evolución. Personalmente, veo la carta natal como el espejo que refleja nuestra verdadera naturaleza, donde podemos ver las experiencias aprendidas y las que nos faltan por aprender, dándonos la posibilidad de crear conciencia de la misión que nos trajo a la vida y de por qué nos encontramos aquí y ahora.

La carta natal es una respuesta a nuestro presente inmediato. No importa en qué época de la vida consultes tu carta natal, lo único seguro es que, cuando lo hagas, será tu presente inmediato y recibirás la respuesta correspondiente a ese presente.

Como ya mencionamos, la carta natal es el mapa que presentaba el cielo al momento de nacer un niño. Vale decir, los lugares ocupados por los planetas en relación al lugar de nacimiento, a la hora exacta cuando el niño respira por primera vez. Con esta respiración el niño absorbe las energías cósmicas y planetarias según la posición de las estrellas y los planetas que aparezcan en el cielo en ese momento, lo cual determinará su vida como individuo. Con esta primera respiración se escribe el libro de la vida del individuo representado por la carta natal.

Toda persona al momento de hacerse su carta natal debe asumir una actitud abierta, acorde con la realidad que el cosmos le depara, reconociendo que su horóscopo es único en lo que respecta a su realidad. Así, el día que te acerques a la consulta astrológica será porque cósmicamente llegó el momento de que examines tu vida detenidamente junto con tu astrólogo.

Esta es una oportunidad que no le llega a todo el mundo, no la desperdicies en curiosear, plantéate seriamente tu entrevista con el astrólogo que hayas seleccionado, pues supone un encuentro muy importante para tu auto-conocimiento, en el que puedes encontrar las respuestas que necesitas para ascender un escalón en tu proceso evolutivo. Con esta visión, al acercarte a la consulta astrológica trata de aprovechar ampliamente la interpretación de tu carta natal, te puedes sorprender al descubrir que la visión que tenías de tu vida se ha transformado en poco tiempo.

¿Para qué sirve la carta natal?

Con la carta natal el alma inicia su viaje hacia el plano físico. Es su mapa de ruta que señala las facilidades y los obstáculos que encontrará a lo largo de su existencia.

Imagínate que vas de viaje a un país que no conoces, es importante llevar un mapa de ruta ¿cierto?, en ese mapa estarán las informaciones que necesitas para no perderte, pero además te informará de los tramos en construcción y los desvíos que debes realizar.

En ese mapa encontrarás información sobre las condiciones del clima, necesitas saber si en ese país llueve mucho, si es muy cálido o frío, para llevar la ropa apropiada; necesitas saber sobre los lugares donde poder descansar y toda aquella información que te sirva para realizar tu viaje sin inconvenientes. Ese mapa de ruta es tu carta natal.

Las predisposiciones aparecen en la carta natal, y un astrólogo nos las puede explicar para que logremos tener conciencia de ellas, entonces estaríamos actuando de acuerdo con las energías planetarias de nuestra carta, y nuestra vida sería mucho más fructífera y feliz, pues el asumir las condiciones escritas en la carta natal esto produce una gran paz interior. Por lo tanto, si nacimos para escribir, escribamos; si nacimos para cantar, cantemos; si nacimos para cocinar, cocinemos. Esta es la clave de una vida armónica, porque desde el punto de vista cósmico no es posible nacer para una cosa y hacer otra. Si logramos asimilar este concepto, nuestra vida será plena y estará acorde con el proyecto de vida estipulado por nuestra alma.

Existen personas que se pasan la vida peleando con su carta natal y no se dan cuenta de que están yendo contra la voluntad de su propia alma y que en la medida en que logren realizar lo que han venido a hacer, según su carta natal, vivirán en armonía con las fuerzas cósmicas, que son las encargadas de dirigir nuestra evolución.

El alma escoge el día, la hora y el lugar de nacimiento, pero cuando el ego se identifica con los sentidos, todo se trastorna; entonces cuando éste empieza a desear alcanzar metas que el alma no ha escogido, la persona comienza a sufrir. Es ahí cuando nos preguntamos por qué no logramos proyectarnos profesional o políticamente, o por qué tenemos mala suerte en el amor. Si no nacimos para vivir estas experiencias y nos empeñamos en ello, vamos a sufrir grandes desilusiones y éstas nos llevarán a vivir una vida infeliz; no siempre el alma escoge las experiencias que el ego quiere experimentar. Si aceptamos la vida tal como ella se presenta y comprendemos el concepto de lo que acabo de explicar, viviremos en paz y armonía, estados que nos proporcionarán la plenitud de vivir y cuando partamos de este mundo tendremos la satisfacción de haber cumplido con nuestro papel en la obra.

Para eso sirve la carta natal, para encauzar nuestra vida por el sendero que escogió nuestra alma, todo está escrito en el cielo, sólo tenemos que acercarnos a un buen astrólogo, y junto con él o ella, analizar nuestra carta natal con una mente abierta al auto-conocimiento, sin negarnos a ver las cualidades y las debilidades que poseemos, condición natural en todos los seres humanos. Nuestras luces y nuestras sombras nos conforman como seres únicos en el universo.

Advertencias cósmicas

Para ilustrar lo que acabo de explicarte tomaré el caso de Carlos, un cliente que consulté una vez. Esta persona llega a mi consulta porque le habían dicho que yo era muy asertiva en mis pronósticos y muy seria en mi trabajo. Apenas él llegó a mi consulta noté que era una persona muy arrogante, esto me pone en guardia, pues sé que es una cualidad negativa de Leo o de Escorpio. Efectivamente la persona es Ascendente Leo, con el Sol en el signo de Escorpio. Por cierto cuando interpreté su carta observé que su Sol recibía un aspecto planetario de cuadratura, nada más y nada menos que de Plutón en Leo. Este es el aspecto que determina su arrogancia y soberbia, la cual se ve reforzada por Marte en Acuario opuesto a Plutón y en cuadratura con el Sol, pero no vamos a entrar en más análisis para no confundirte con detalles muy técnicos.

Bueno, vayamos al grano. Este señor se había pasado la vida creyendo que estaba predestinado a ser un personaje público de mucho poder y fama, de hecho, famoso era y en cierta forma tenía poder, pero su poder estaba en la palabra, es un gran orador y líder, pero su codicia era tal que siempre deseaba algo más. En la interpretación de su carta yo le dije que su misión en esta vida era la de educar a las personas a las cuales se dirigía, que ese carisma y esa facilidad con la palabra para convencer la debía enfocar en unir fuerzas para resolver problemas sociales. En su carta natal no había ningún indicio de que fuera a ser más de lo que ya era y así se lo hice saber. Como comprenderás esta persona salió muy disgustada de la consulta, pues no escuchó lo que deseaba.

Luego me enteré que visitó a otro astrólogo que le ofreció villas y castillos, hasta le dijo que él sería algún día presidente del país, y claro está, se mantuvo consultando a ese astrólogo. Pero luego pasado un buen tiempo, parece que se convenció de que nada de lo prometido por el astrólogo sucedía.

Hoy en día esta persona se encuentra en un estado depresivo por su frustración, y de ser un líder público se ha convertido en una persona amargada y anónima. No pudo disfrutar de la satisfacción de servir a los demás haciendo su aporte con un trabajo que le hubiese permitido permanecer en la memoria de sus conciudadanos. Prefirió escoger un camino equivocado y esta es la reacción de sus acciones. Así nos sucede muchas veces cuando queremos forzar situaciones que no están escritas en el libro de nuestra vida, y esto me ha pasado a mí y posiblemente a ti en algún momento. Luego nos queda la desilusión y posiblemente si logramos lo que deseamos nos arrepentimos, pues es tal el sufrimiento, que desearíamos volver atrás.

Entonces, en vez de decir "tengo mala suerte para esto o aquello", sería más correcto analizar qué factores nos hacen reaccionar de tal o cual manera, siendo ellos los responsables de las actitudes que expresamos, actitudes que nos impiden armonizarnos con la vida. Como te puedes dar cuenta, no es que Carlos tuvo mala suerte en su proyección pública, sino que su actitud de arrogancia y soberbia lo llevó a no darse cuenta que su mayor proyección era educar, esto le hubiera producido muchas satisfacciones si hubiese practicado la humildad. Posiblemente tendrá que reencarnar para seguir trabajando la soberbia y la arrogancia.

En este caso, a Carlos le hubiera convenido examinar la forma en que hasta ese momento estuvo comportándose y tratar de modificar la actitud que le ha estado obstaculizando su proyecto de vida, y talvez así pudiera encontrar el equilibrio entre su alma y su personalidad.

Por esta razón, si conocemos el guión que debemos desarrollar y lo escenificamos, estamos identificados con nuestra alma y podremos cumplir magistralmente con el papel que tenemos asignado en el teatro de la vida, donde todo sufrimiento representa subir un peldaño más hacia la cima de la perfección, y todo disfrute un descanso en el camino para tomar nuevas fuerzas y seguir escalando la montaña que nos llevará a la unión con Dios, que es nuestra meta final. Esto sólo será logrado cuando lo deseemos con la vehemencia que el pez desea el agua. No es fácil, pero se puede realizar si comenzamos a desearlo, y nos abrimos a aceptar nuestras debilidades como parte del guión que nos llevará a realizar el papel que nuestra alma escogió para experimentar esa debilidad y poder escalar ese peldaño que dinamiza nuestra evolución.

Los horóscopos

Los recursos que pedimos al cielo, se hallan muchas veces en nuestras manos.
—WILLIAM SHAKESPEARE

La palabra proviene del griego Hora, que significa hora y Skopein, examinar, lo que quiere decir examinar una hora dada.

Astrológicamente se refiere al Ascendente, puesto que se basa en la hora de nacimiento y no es más que el mapa del cielo en una fecha, hora y lugar determinado. Como mencionamos anteriormente, estos son los datos que sirven a los astrólogos para elaborar e interpretar una carta natal.

En la antigüedad, cuando iba a nacer el heredero al trono, el rey convocaba a todos sus astrólogos para que levantaran el horóscopo de su hijo. En aquellos tiempos, la astrología era básicamente predictiva, o sea que el propósito de este horóscopo era el saber qué rumbo tomaría su pueblo cuando el niño gobernara.

Cuando se hacía este horóscopo, los astrólogos no sólo consideraban el destino del niño, sino también el destino del pueblo al cual debía gobernar. Esta astrología no se realiza actualmente, puesto que ya no existen tantas monarquías en el mundo y las que existen tampoco poseen el carácter que tenían en aquellos tiempos, donde los destinos de los reyes estaban ligados a los de los pueblos.

Las cosas han ido cambiando mucho desde ese lejano pasado en que el hombre se encontraba en una etapa evolutiva donde necesitaba de la astrología predictiva para orientarse. Ahora que estamos entrando a la Era de Acuario, nos encaminamos a una astrología científica, técnica y humanista.

En estos tiempos, la astrología es un instrumento científico de crecimiento humano y espiritual al servicio de algunas ciencias tales como la medicina y la psicología entre otras. En psicología industrial se recurre a la astrología para la selección del personal idóneo en un puesto de trabajo y también se la usa en agronomía para obtener mejores resultados en la producción agrícola.

En relación a los horóscopos que aparecen en periódicos y revistas, y que muchas personas no salen de sus casas sin antes consultarlos, no siempre son exactos, principalmente porque no tienen nada que ver con la hora de nacimiento; y no es cierto que todas las personas que comparten un mismo signo, tengan las mismas vivencias.

La verdad es que estos horóscopos con sus métodos han provocado que la astrología se vea como un juego, llevando a muchas personas a suponer que dicha ciencia no posee ninguna relevancia para sus vidas. No es que esté en contra de que se publiquen horóscopos, con lo que no estoy de acuerdo es que se confunda esta práctica con la astrología.

Los horóscopos no son astrología

Muchas revistas estimulan la ilusión que tenemos los seres humanos de que en algún momento de nuestras vidas vamos a recibir una serie de dones que nos caerán del cielo. Incentivan la parte emotiva del individuo; se apresuran a predecir que algunos sucesos ocurrirán en el mes tal. Pero luego llega ese mes y no ocurre nada de lo que pronosticaba el horóscopo. Aunque podamos sentir cierto bienestar a nivel subjetivo, es probable que no recibamos la promesa anunciada por la revista. Además, ¿cómo saber por cuál casa transita el Sol si no conocemos nuestra carta natal?

No es cierto que todas estas maravillas caigan del cielo como por arte de magia. Todas las predisposiciones están escritas en la carta natal, las favorables y las desfavorables, cada persona tiene un horóscopo único, aunque comparta algunas predisposiciones cósmicas con los de su propio signo solar, los sucesos y eventos que vamos a vivir sólo nos lo dirá la carta natal. Los horóscopos de revistas y periódicos son horóscopos solares que se basan en el recorrido anual del Sol por los doce signos zodiacales.

En astrología nada es estático ni cuadrado, hay que tomar en cuenta muchos factores para pronosticar los eventos que vivirá una persona, el signo solar de por sí no promete nada si no existen otros factores que lo apoyen. Por tal razón, es nuestra interacción con el cosmos, basada en la posición de los planetas y de las estrellas fijas al momento del nacimiento, lo que nos da las facilidades o las limitaciones para desarrollar nuestras potencialidades, lo cual tiene su base en la ley de causa y efecto que nos rige. Recogemos lo que sembramos en vidas pasadas. No podemos esperar cosechar manzanas cuando lo que sembramos fue un limonero. Así es la ley, ella se cumple en todos los planos del Universo.

Si con mis comentarios llegara a molestar a alguien, me disculpo since-ramente, pero mi motivación para escribir es precisamente informar sobre la esencia de la astrología tal como la entiendo. No critico a nadie por hacer horóscopos para revistas y periódicos, cada quien tiene una responsabili-dad por sus actos, la mía es escribir este libro. Y en lo que al trayecto de nuestra vida personal respecta, el cosmos tiene la última palabra.

Elementos fundamentales de la astrología

Primero es el Vacío Insondable, de este Vacío surge la Luz, y a través de la Luz se manifiesta la Vibración Cósmica, que es la que da forma y sostiene el Universo. El Vacío es el Padre Inmanifestado, la Luz es la Conciencia Cósmica Manifestada, que no se sabe de dónde vino. Y la Vibración Cósmica es la Fuerza del Amor que sostiene el Universo.

—La autora

Cuando hablamos de astrología, tenemos que hablar principalmente de la carta natal o carta astral, que, como dije anteriormente, es básicamente el mapa que presentaba el cielo al momento de nacer un niño, vale decir, los lugares donde estaban los planetas en relación al lugar y hora de su nacimiento. También mencioné que con su primer respiro, el niño absorbe las energías cósmicas y planetarias según la posición de las estrellas y los planetas que aparezcan en el cielo en ese momento, lo cual determinará su vida personal.

Para levantar la carta natal se necesita disponer de tres datos básicos: el día y la hora del nacimiento y las coordenadas del lugar de nacimiento. La exactitud de los datos es muy importante, sobre todo, la hora; mientras más exacta sea ésta, más precisa será la interpretación.

Con estos tres datos el astrólogo realiza unos cálculos matemáticos que le darán la posición exacta de los planetas, lo que es escrito en un mapa de forma circular donde se muestran todos los planetas y que tiene por centro, la tierra.

Para realizar la interpretación astrológica y conocer exactamente cómo las posiciones de los astros afectan a las personas, la astrología se fundamenta en cuatro elementos básicos que la constituyen: signos zodiacales, planetas, casas astrológicas y aspectos planetarios.

Signos zodiacales

El zodíaco natural es una franja circular proyectada en el cielo. Esta franja, la astrología la divide en doce sectores de 30 grados de longitud cada uno, que son los signos zodiacales y los lugares por donde el Sol y los planetas realizan su recorrido cada año. Cuando decimos, por ejemplo: "yo soy sagitariano" quiere decir que nacimos entre el 22 de noviembre y el 21 de diciembre de un año determinado. Ahora bien, eso astrológicamente quiere decir que el Sol durante ese período estaba transitando por el signo de Sagitario, a esto es que se le llama "Signo Solar".

La división de los signos zodiacales:

Aries	Del 20 ó 21 de marzo al 19 de abril
Tauro	Del 20 de abril al 20 de mayo
Géminis	Del 21 de mayo al 21 de junio
Cáncer	Del 22 de junio al 22 de julio
Leo	Del 23 de julio al 23 de agosto
Virgo	Del 24 de agosto al 22 de septiembre
Libra	Del 23 de septiembre al 23 de octubre
Escorpio	Del 24 de octubre al 22 de noviembre

Sagitario	Del 23 de noviembre al 20 de diciembre
Capricornio	Del 21 de diciembre al 20 de enero
Acuario	Del 21 de enero al 18 de febrero
Piscis	Del 19 de febrero al 20 de marzo

El signo donde se encuentra el Sol en nuestra carta natal es muy importante, pero eso no significa que aquellas personas que nacieron bajo el mismo signo solar sean iguaes. Es un error afirmar que somos libranos o acuarianos solamente; en realidad manifestamos características de todos los signos en diferentes áreas de nuestra vida. Por ejemplo, una persona puede comportarse con las características del signo de Cáncer en su relación de matrimonio, siempre y cuando este signo se encuentre iniciando la Casa VII que es la casa que marca el área del matrimonio; con las características de Escorpio en las relaciones de amigos, correspondiente a la Casa XI situada en este signo; y con las de Acuario en la forma en que adquiere y maneja sus posesiones materiales si este signo estuviese en la Casa II, que es el área de lo económico.

Esto lo puedes comprobar fácilmente sin tener que acudir a la astrología, pues no nos comportamos igual en la vida pública que en la intimidad del hogar, ni nos comportamos igual con los amigos que con la pareja. Además, aunque varias personas pertenezcan al mismo signo, se comportarán de forma muy particular, y tendrán también experiencias distintas, porque nacieron en horas y lugares diferentes; sólo tendrán en común las características básicas del signo solar. Partiendo de esto, podríamos decir que los arianos se inclinarán hacia la impulsividad, serán personas emprendedoras, combativas, etc., pero también los que pertenecen a otros signos van a manifestar las características arianas en la casa donde aparezca el signo de Aries.

Las casas astrológicas

Las Casas Astrológicas o "lugares de la experiencia", son divisiones similares a los signos zodiacales, con la diferencia de que, en los signos las divisiones se inician a partir del signo de Aries, mientras que las divisiones de las casas se inician con el grado del Ascendente, determinado por la hora de nacimiento.

La división de los signos es espacial, debido al movimiento de traslación de la Tierra; mientras que la división de las casas es temporal a causa del movimiento diario de rotación de la Tierra sobre su eje. Las casas son doce, al igual que los signos, y se numeran con números romanos, Casa I, Casa II, Casa III, Casa IV, etc. Ellas constituyen el lugar donde los planetas desarrollan su acción; y los signos, los canales a través de los cuales transmiten su energía. Los signos son como cristales a través de los cuales los planetas emiten su energía. Las casas son las diferentes áreas de la vida donde los planetas materializan esta energía.

Por ejemplo, el Sol en Tauro proyecta una energía conservadora, constante, práctica y confiable. Ahora bien, ¿en cuál área de la vida se manifestarán estas características? Esto viene determinado por la casa ocupada por el Sol. Si fuera Casa II, sería una persona conservadora y práctica en el manejo económico; en Casa VI, sería un trabajador confiable, práctico y constante en sus labores; y así sucesivamente.

Cada planeta desempeña su función en el sector de la carta natal donde se encuentre ubicado. No es lo mismo Mercurio en Virgo en Casa X, que en Casa III. Mientras en la Casa X la energía mercurial estaría dirigida hacia lo profesional, en la Casa III lo estaría hacia la relación con hermanos, vecinos, viajes cortos, comunicación y mente concreta, que son significaciones de la Casa III. Pero en cualquiera de las dos casas irradiará su energía con las características de Virgo, esto es, con una actitud analítica, discriminativa, crítica y buscando el perfeccionismo, todas características de Virgo.

La Casa I simboliza todo lo relacionado con uno mismo, corresponde a la personalidad, pero también a nuestra contextura y rasgos físicos. Esta casa nos informa si tendremos un cuerpo saludable y fuerte o si por el contrario enfermizo. Es la casa de la infancia, nos dice cómo fueron nuestros primeros años de vida.

La Casa II nos habla de los valores que adquirimos a lo largo de nuestra vida, pero también nos informa cómo manejamos nuestro dinero y cómo lo adquirimos. Además nos dice cuál es la actividad o profesión que nos reporta mayores beneficios económicos.

La Casa III simboliza nuestra comunicación, la mente concreta, la educación básica, los viajes cortos, los hermanos; y todo lo relacionado con el transporte, con escritos, con inquilinos y vecinos.

La Casa IV representa el área familiar, el hogar, la relación con nuestros padres, la casa paterna y nuestros ancestros. Esta casa también nos informa de cómo nos desenvolveremos al final de nuestra vida. Mientras la primera nos habla de los inicios, la cuarta nos habla de los finales.

La Casa V nos informa sobre la relación con los hijos; la creatividad; los flirteos y amantes, el noviazgo y también nuestras actividades recreativas. Esta es además la casa de la enseñanza, ella nos informa si tenemos capacidad didáctica para la enseñanza y también cómo asimilamos las enseñanzas que nos brinda la vida.

La Casa VI se refiere al área laboral o lugar de trabajo. También representa la salud, nos habla de la actitud con que enfrentamos las enfermedades agudas (fiebres, dolor de muelas o de oídos) que podamos padecer a lo largo de nuestra vida y cómo nos recuperaremos. La Casa VI además representa la relación con compañeros de trabajo y con los subalternos. Otra significación de esta casa son los animales domésticos, si nos gustan o no y si tenemos predisposición a que nos hagan daño.

La Casa VII corresponde al matrimonio. Nos dice cómo es nuestra actitud ante el matrimonio; y si nos casaremos o no, y también si nos divorciaremos. También es la casa de los pleitos y demandas judiciales; los socios, los contratos, los amigos íntimos y los enemigos declarados.

La Casa VIII nos informa sobre los procesos y transformaciones espirituales. Es la casa de las ciencias esotéricas, pero también del dinero recibido sin trabajarlo, como son las herencias y donaciones. Esta casa también nos informa sobre nuestra sexualidad y nuestra muerte.

La Casa IX se refiere a nuestra filosofía de vida, a los viajes al extranjero y todo lo relacionado con los estudios superiores; y a la inclinación espiritual que estamos llamados a desarrollar.

La Casa X es una de las casas más importantes, pues se refiere a nuestra proyección social y profesional, indica cómo se desarrollará nuestra profesión y qué tipo de proyección social tendremos. Es nuestra imagen pública, por tal razón, es el área que nos informa si profesionalmente la sociedad nos acepta y nos brinda la fama y los honores o si por el contrario, nos rechaza.

La Casa XI corresponde a los protectores ya sean espirituales o físicos, (pueden ser los padres, los jefes, los amigos, cualquier persona que nos apoye y ayude en momentos en que lo necesitamos); los clubes, los grupos espirituales y sociales, instituciones sin fines de lucro y amistades en general.

La Casa XII nos habla de por qué nos ganamos el karma, de enfermedades crónicas, enemigos ocultos, vicisitudes y encierros (cárceles y hospitales). Esta casa nos informa de muchas actitudes de vidas pasadas que estamos enfrentando en esta vida. Es una de las casas más difíciles de interpretar, el astrólogo debe poseer mucha sensibilidad para captar lo que ella expresa. Esto se debe a que en esta casa se encuentran acumuladas muchas experiencias del alma de pasadas vidas.

Los planetas

Los planetas representan las energías que se mueven dentro de los signos y nos proporcionan las actitudes y vivencias que determinarán nuestro quehacer en la vida. La astrología se expresa en un lenguaje simbólico y esto se manifiesta sobre todo en la interpretación de los planetas que pueden poseer una infinidad de significados, tantos como estrellas hay en el cielo. Todo va a depender de su posición por signo, por casa y por los aspectos que se conjugan entre ellos en la carta natal, además para una buena interpretación es importante la capacidad de síntesis que tenga el astrólogo. Por el momento quiero compartir contigo la simbología universal que posee cada uno de los planetas.

El Sol-regente de Leo: Simboliza el principio masculino, dador de la vida. Representa el poder, la autoridad, la grandeza, el sexo masculino, el padre.

La Luna-regente de Cáncer: Principio femenino. La madre, la infancia, los estados emocionales. Tiene que ver con los desórdenes emocionales y psíquicos. Inestabilidad, cambio de casa, el inconsciente.

Mercurio-regente de Géminis y Virgo: La mente concreta. El intelecto, el aprendizaje, estudios, comunicación, los transportes y los hermanos.

Venus-regente de Tauro y Libra: Los procesos afectivos. El amor y los sentimientos. El erotismo, el disfrute de las cosas mundanas. La belleza, la simpatía, el éxito social, la estética personal. Informa la manera de dar y recibir afecto.

Marte-regente de Aries: La agresividad. La acción, las energías para emprender algo que requiera coraje, la decisión, la voluntad. El entusiasmo, las peleas, las guerras, la competitividad y la temeridad.

Júpiter-regente de Sagitario: El principio de expansión. El optimismo, la filosofía de la vida, la capacidad de satisfacción, la jovialidad, los éxitos en sentido general y la benevolencia.

Saturno-regente de Capricornio: Principio inhibidor. Limitaciones, los límites, el tiempo, la madurez, la responsabilidad, el sentido del deber, el orden, la profundización, la capacidad de reflexión. La disciplina y la concentración.

Urano-regente de Acuario: La capacidad de cambio. Lo inesperado y repentino. Las innovaciones, lo vanguardista, situaciones inestables, la tecnología y la astrología.

Neptuno-regente de Piscis: La capacidad mediúmnica. Lo misterioso, los enredos, los escándalos, los engaños. Las situaciones confusas, los chismes, las ilusiones y desilusiones, la evasión, las adicciones, el misticismo, las experiencias psíquicas y la magia.

Plutón-regente de Escorpio: La capacidad de regeneración. Las fuerzas que vienen de las profundidades del Ser. Las transformaciones, la muerte y la resurrección, los cambios sociales y el ocultismo.

Casas, signos y planetas

Ahora te daré un ejemplo de cómo actúan estas energías en la carta natal. Un día llega a mi consulta María Alejandra. Todo iba muy bien en su vida, tenía un buen trabajo, dinero, una familia maravillosa, según me explicó, pero la relación con su esposo era terrible. Esta persona la maltrataba psicológicamente y ella no podía tomar la decisión de abandonarlo, me comunicó que se sentía atrapada y que necesitaba tomar una decisión. Ese fue el motivo de la consulta.

Al analizar su carta me fijé que María Alejandra pertenece al signo de Libra con Ascendente Tauro. Observé que el Sol, Venus y Mercurio se encontraban en la Casa VI (área laboral) todos en el signo de Libra, recibiendo un aspecto armónico de Júpiter desde su Casa X (proyección social y profesional). Esto me confirma sus éxitos profesionales. Como Mercurio es regente de su Casa II, que es Géminis, su área laboral le favorece la parte económica, o sea, que cualquier actividad que ella realice le dará dinero. Todas estas energías planetarias benéficas que se encuentran en estas casas le proporcionan a María Alejandra muchas facilidades para lograr una buena proyección profesional, social, laboral y económica.

Pero cuando analizo su área de matrimonio, representada por la Casa VII, aquí aparece el problema que la trae a la consulta. Su Casa VII se encuentra en Escorpio, ésta es el área del matrimonio en la carta de María Alejandra. Al ser Escorpio el signo que marca esta casa, busco a Plutón, que es su regente, y veo que Plutón se encuentra en Leo en aspecto desarmónico fuerte con Marte en Acuario. Marte es el planeta de la guerra y la agresividad, tal como lo expresamos cuando describimos las simbologías de Marte.

En este caso, Marte representa al esposo y Plutón representa la actitud de María Alejandra en relación al matrimonio. Es un aspecto de oposición, lo que quiere decir que el esposo se opone a los compromisos que conlleva un matrimonio, esto porque Marte está en el signo de Acuario, signo que simboliza la libertad y la independencia. Resulta que uno de los rasgos que definen a un acuariano es, que no le gusta someterse a patrones convencionales, y el matrimonio lo es. En este caso, por alguna razón este señor contrae matrimonio con María Alejandra, pero siente que el matrimonio le pone grilletes y le impide de alguna manera sentirse libre, lo cual lo enfurece, y al no poder expresar concientemente su ira, (pues quizás él mismo no sabe lo que le está pasando), inconscientemente descarga sobre María Alejandra todo su malestar.

Mi recomendación fue enviarlos a un psicólogo para ver si era posible que entre los dos pudieran solucionar este problema. Luego me enteré que se divorciaron. Hoy María Alejandra es una mujer de muchos éxitos y se encuentra muy bien. El divorcio fue un proceso muy doloroso para ella (con Plutón cualquier proceso o crisis es muy dolorosa, pues los procesos plutonianos son de transformación profunda, es como si te quitaran toda la piel para que surja una piel nueva), pero me cuenta que de ese proceso salió transformada. La última vez que nos vimos me dijo que ahora es una mujer felizmente divorciada, esas fueron sus palabras.

Cualidades de la materia

*Cada niño, al nacer, nos trae
el mensaje de que Dios no ha
perdido aún la esperanza
en los hombres*

—Rabindranath Tagore

¿Cómo se forman los elementos?

Antes de hablar de los elementos debemos empezar por explicar cómo se forman estos elementos. En toda manifestación física se encuentran presentes las cualidades de: cálido, frío, húmedo y seco. De la combinación de estas cualidades surgen los cuatro elementos.

Como puedes observar, existen dos pares de antagónicos: Cálido-Frío; y Húmedo-Seco, que si los mezclamos se anularían entre sí, por tal razón debemos contar con los estados intermedios, que serían: Húmedo para Cálido-Frío; y Cálido para Seco-Húmedo.

Las cualidades de la materia no se limitan al plano anímico y fisiológico, sino que alcanzan el plano psíquico, imprimiendo así un sello de su naturaleza en la actitud psíquica de cada individuo. Este plano es muy importante a la hora de interpretar una carta natal, ya que la actitud psíquica del individuo será decisiva para sus actos y su capacidad de reaccionar ante las influencias cósmicas que lo alcancen en el transcurso de su paso por la Tierra.

- El elemento fuego está constituido por las cualidades Cálido-Seco,
- El elemento tierra por las cualidades Frío-Seco
- El elemento aire está constituido por las cualidades Cálido-Húmedo.
- El elemento agua por las cualidades Frío-Húmedo

Cálido

Lo cálido favorece el desarrollo de la naturaleza instintiva e intuitiva. Posee un movimiento centrífugo de presión hacia fuera, siendo expansivo es el principio activo por excelencia. Se manifiesta como fuerza que tiende a lo vasto. Va acompañado de voluntad apasionada. Se distingue como excitante, estimulante e impulsivo.

Frío

Lo frío favorece el desarrollo de la naturaleza reflexiva y meditativa. Posee un movimiento centrípeto, dirigido hacia sí mismo, tiende hacia el interior, posee la facultad de concentración. Es el factor determinante de la condensación y defensa. Tiende a la inactividad, la resistencia y la indiferencia, presentando una característica de pesadez, lentitud y profundidad. Tiene carácter absorbente.

Húmedo

Lo húmedo da el desarrollo de la naturaleza sensitiva. Modera todo movimiento. Principio sensible, blando y plástico. Posibilita la flexibilidad y movilidad en el sentido pasivo. Por carecer de forma propia favorece la variedad. Actúa como conciliador, posee un carácter moderador.

Seco

Lo seco permite el desarrollo de la naturaleza apasionada. Presta tensión a todo movimiento. Determina un vehemente esfuerzo de energía y en consecuencia, exageración. Bajo su influencia el plano psíquico presenta los rasgos de la decisión, la precisión, el rigor, la obstinación y la vehemencia. Sin embargo, debido a que toda distensión es seguida inevitablemente de relajamiento, lo seco imprime en el individuo el sello de lo incoherente y lo repentino.

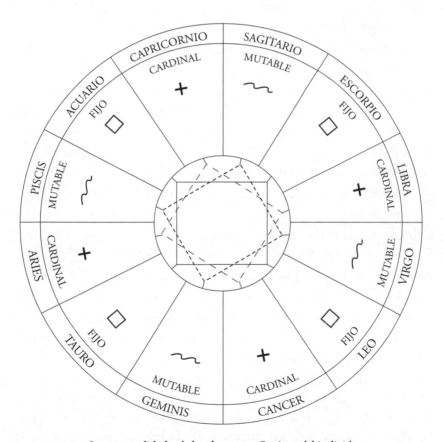

Las tres cualidades de los elementos: Carácter del individuo

Para concluir con el tema de las cualidades de la materia, cálido y húmedo producen la atracción de los caracteres; y frío y seco su repulsión. Ahora ya sabemos cómo se forma cada elemento.

Los elementos fuego, tierra, aire y agua poseen tres cualidades que están determinadas por la posición de los signos en el zodíaco natural (Aries, Tauro, Géminis, Cáncer, etc.). Los cuatro signos que forman una cruz dentro del círculo zodiacal natural (Aries, Cáncer, Libra y Capricornio) corresponden a los cuatro puntos cardinales, por tal razón esos cuatro signos poseen la cualidad cardinal; estos son los signos que inician los equinoccios y los solsticios. La cualidad de ellos simboliza el impulso inicial y la realización de las cosas que se empiezan en un momento dado.

Los signos de la cualidad fija son los que le siguen a los anteriores en la secuencia del círculo: Tauro, Leo, Escorpio y Acuario. Estos signos en su cualidad representan el sostén de lo que está creado, de lo que iniciaron los signos cardinales, o sea, que si en marzo, con el primer signo cardinal Aries empiezan a brotar las flores primaverales, en abril con el signo de Tauro esta floración se sostiene para dar lugar al cambio que vendrá en mayo cuando entre el primer signo de la cualidad mutable a realizar la transformación de la flor en un pequeño fruto, hasta que llegue el segundo signo cardinal (Cáncer) encargado de iniciar el proceso de maduración del fruto.

Los signos de la cualidad mutable son: Géminis, Virgo, Sagitario y Piscis. Esta cualidad tiene las características de alterar, transformar y adaptarse a lo que ya está hecho. Géminis transforma la flor en un pequeño fruto; Virgo se encarga de la recolección de la cosecha; a Sagitario corresponde concentrar su energía cálida en el árbol para cuando comience el invierno con el signo de Capricornio, el árbol conserva los nutrientes que necesita para sobrevivir al invierno. Cuando llega Piscis transforma las energías de concentración y sostén de Acuario, prepara el terreno, humedeciéndolo con su energía plástica y creando las condiciones para que se inicie el nuevo ciclo de floración con la primavera.

Esta analogía nos permite entender que cada carácter o comportamiento social de un individuo, realiza una función en el universo, tanto los cardinales, como los fijos y los mutables son partes del ciclo cósmico de la vida. Si aprendiéramos a ver las cosas con esta amplitud de miras, nuestras relaciones se fortalecerían y en vez de pelearnos con nuestros semejantes, nos convertiríamos en la cadena cíclica universal que nos llevaría a la armonía perfecta, la armonía del cosmos. Claro, hablar de eso en estos momentos es una utopía, pero aunque no lo creamos, ese momento llegará, quizás tome su tiempo, como todo lo que acontece en el universo, pero estamos llamados a ser uno con Dios y llegado el momento, la utopía de hoy será la realidad de mañana.

Las cualidades cardinal, fijo y mutable son la base que permiten al astrólogo determinar el carácter o comportamiento social del individuo. Conociendo el temperamento y el carácter, el astrólogo adquiere un conocimiento previo a la interpretación en la carta natal de cómo es esa persona en su naturaleza básica.

Estas tres cualidades se comportan de forma diferente de acuerdo al elemento y al signo que las posea. Si tomamos como ejemplo los signos del elemento fuego, Aries como signo cardinal del elemento fuego se manifiesta de forma dirigente, iniciador, es un fuego más sosegado y estable, exuberante, muy activo y dinámico; mientras que el fuego de Leo posee la cualidad fijo, que es la que da sostén a lo que se ha iniciado, concentrándose en sí mismo, es un fuego más sosegado. Sagitario al poseer la cualidad mutable, se presenta como un fuego cambiante, a veces será llameante y extenso, otras será una pequeña llamita.

Los elementos fundamentales que aparecen en la naturaleza son: el fuego, la tierra, el aire y el agua. Cada uno de estos cuatro elementos se manifiesta en tres de los signos zodiacales. Estos elementos fundamentales le permiten al astrólogo conocer el temperamento del consultante basado en una puntuación dada a cada planeta de acuerdo a una categoría establecida.

Esta puntuación es de la manera siguiente: El Ascendente 2 puntos; el Sol 2 puntos; la Luna 2 puntos; Mercurio 2 puntos; Venus 1 punto; Marte 1 punto; Júpiter 1 punto; Saturno 1 punto; Urano 1 punto; Neptuno 1 punto; Plutón 1 punto; el Nodo Norte 1 punto; y la Rueda de la Fortuna 1 punto. Esto hace un total de 17 puntos planetarios.

En la medida que la persona posea más puntos en uno de los cuatro elementos, éste será el que determina el temperamento de la persona, que es la manera como se percibe el sujeto en su disposición al medio ambiente inmediato. No siempre el signo solar es el responsable de manifestar el temperamento del individuo.

Ahora te mostraré por medio de un ejemplo cómo determinar el temperamento y el carácter de una persona. Frank es uno de mis primeros clientes, nació el 6 de febrero de 1965. En su carta natal, las posiciones planetarias son las siguientes:

Sol en Acuario	Saturno en Piscis
Luna en Aries	Urano en Virgo
Mercurio en Acuario	Neptuno en Escorpio
Venus en Acuario	Plutón en Virgo
Marte en Virgo	Nodo Norte en Géminis
Júpiter en Tauro	Rueda de la Fortuna en Libra
Ascendente en Leo	

Temperamento: Naturaleza Básica

Elemento fuego:	Luna en Aries	2 puntos	
	Ascendente en Leo	2 puntos	4 puntos
Elemento tierra:	Marte en Virgo	1 punto	
	Júpiter en Tauro	1 punto	
	Urano en Virgo	1 punto	
	Plutón en Virgo	1 punto	4 puntos
Elemento aire:	Sol en Acuario	2 puntos	
	Mercurio en Acuario	2 puntos	
	Venus en Acuario	1 punto	
	Nodo Norte en Géminis	1 punto	
	Rueda de la Fortuna en Libra	1 punto	7 puntos

Elemento agua: Saturno en Piscis   1 punto
                Neptuno en Escorpio   1 punto   2 puntos
                Sumatoria   17 puntos

Como puedes observar, Frank posee un temperamento intelectual, por tener la mayor cantidad de puntos planetarios en el elemento aire.

De igual forma se calcula la puntuación para determinar el carácter de Frank.

Carácter: Comportamiento social.

Cardinal: Luna en Aries   2 puntos
Rueda de la Fortuna en Libra   1 punto   3 puntos

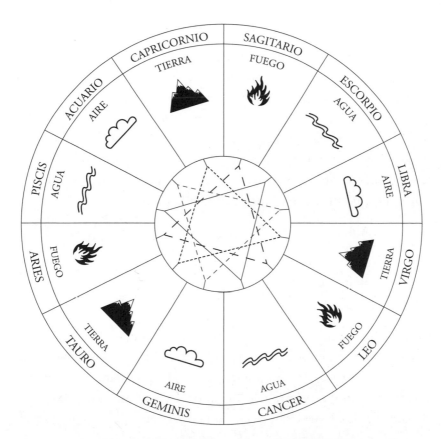

Los cuatro elementos: Temperamento del individuo

Fijo: Sol en Acuario	2 puntos	
Mercurio en Acuario	2 puntos	
Venus en Acuario	1 punto	
Júpiter en Tauro	1 punto	
Neptuno en Escorpio	1 punto	
Ascendente en Leo	2 puntos	9 puntos
Mutable: Marte en Virgo	1 punto	
Saturno en Piscis	1 punto	
Urano en Virgo	1 punto	
Plutón en Virgo	1 punto	
Nodo Norte en Géminis	1 punto	5 puntos
Sumatoria		17 puntos

Frank posee un carácter fijo, pues la mayor cantidad de puntos planetarios se encuentran en la cualidad fija. Con esta información, Fijo-Intelectual podemos decirle a Frank que es una persona que se toma su tiempo para tomar decisiones, que piensa mucho las cosas antes de actuar, y no da un paso si no conoce de antemano el terreno que pisa o el objetivo de su acción. Esto fue lo que le dije cuando vino la primera vez a la consulta y me abrió los ojos grandes, me dijo: ¿cómo usted sabe eso? Yo le contesté, no es que yo lo sepa, es tu carta natal que lo dice. Frank es un cliente que regresa todos los años, próximo a su cumpleaños para conocer los eventos importantes que le deparará la vida en su nuevo año.

Fuego: Aries, Leo y Sagitario

Tierra: Tauro, Virgo y Capricornio

Aire: Géminis, Libra y Acuario

Agua: Escorpión, Piscis y Cáncer

Recuerdo el caso de una persona de signo solar Aries que se percibe apática y que hay que empujarla para que realice sus cosas. Al analizar su carta observé que el elemento predominante era el agua. Aun siendo ariana, su temperamento la lleva a percibirse como una persona que no posee ninguna de las cualidades de Aries, aunque las tiene, pero ella no es muy conciente debido a que, el Sol es el único planeta que tiene en Aries y no recibe ningún aspecto de otro planeta.

Regularmente existe un elemento predominante, que puede ser, el fuego, la tierra, el aire o el agua. Aunque a veces se da el caso de personas que poseen más o menos una puntuación equitativamente distribuida, esto no es muy frecuente.

Fuego (Temperamento dinámico)
Aries, Leo y Sagitario

Empezaremos explicando el elemento fuego, que se refiere al calor que necesita la semilla para germinar. Este calor lo produce el Sol para dar vida a todo lo que existe en la tierra, por eso a nadie se le ocurre sembrar en un terreno nevado, porque la excesiva frialdad impide que la semilla germine, lo mismo sucede en el desierto donde el exceso de calor quemaría el brote de la semilla antes de nacer.

Al fuego pertenecen los signos de Aries, Leo y Sagitario, ellos nos hablan de un temperamento inquieto, con necesidad de movimiento físico, no importa la razón, lo importante es moverse y actuar. A veces, las personas de fuego son irreflexivas en sus acciones. Y tienden a ser francas y directas en sus expresiones, seguras de sí mismas, crédulas, entusiastas, vitales, con iniciativa, impacientes y temerarias. Son los "sentimentales" del zodíaco. Más adelante veremos estas características manifestadas de forma diferente en cada uno de los tres signos que pertenecen al elemento fuego.

Ernesto es un cliente de profesión comerciante, él posee 9 puntos en el elemento fuego.

Es un chico muy simpático y alegre, su signo solar es sagitario y tiene en ese signo a Venus y a Mercurio; en Aries tiene a la Luna, y a Júpiter en Leo. Estos planetas en el elemento fuego le dan mucha energía y fogosidad en su temperamento. Es una persona que necesita estar siempre en una actividad, cuando termina algo, busca otra cosa y si no la encuentra es capaz de fabricarla, pero no puede estar tranquilo, ni siquiera cuando se sienta en la silla en mi consultorio.

El problema que tiene Ernesto es que, como siempre necesita estar en movimiento, cualquier persona que le proponga un negocio de lo que sea, él se involucra sin pensarlo mucho; tiende a ser muy crédulo con las promesas que le hacen y muchas veces se ha visto perdiendo dinero en esos negocios, pero aunque él quiera ser más cauteloso, no puede, pues su temperamento no se lo permite.

En astrología como en psicología, el temperamento está ligado al sistema endocrino, la persona que es activa no puede ser flemática y viceversa. Mi consejo a Ernesto siempre que viene a la consulta es, que cuando él pueda piense antes de actuar, pero que si no puede, acepte esa condición como parte de su vida, con tantos puntos en el elemento fuego y sólo un punto en el elemento tierra es casi imposible que pueda moderar sus impulsos.

Retomando la analogía de la semilla, las características del elemento fuego se manifiestan en el crecimiento del árbol. Desde el momento en que la semilla siente el calor del Sol, rompe el pericarpio y empieza a asomar a la superficie sin preocuparse de lo que va a encontrar cuando aflore a la luz del Sol.

El arbolito no sabe si lo van a pisar, si lo van a arrancar o si lo van a nutrir y a cuidar diariamente. De la misma forma, la persona con este elemento predominante en su carta no siente temor ante el riesgo; para ella lo más importante es moverse, generar acciones sin preocuparse de los resultados. Estos resultados pueden ser muy beneficiosos si se utiliza un grado adecuado de calor, que en el caso de un ser humano equivaldría a utilizar la cautela, el discernimiento y el autocontrol, cosas que le faltan a nuestro amigo Ernesto, cualidades que pertenecen al elemento tierra, o sea, que es necesaria la tierra para que la semilla germine y dé frutos. Pero no siempre tenemos en nuestra carta natal la armonía perfecta entre los cuatro elementos.

Tierra (Temperamento práctico)

Tauro, Virgo y Capricornio

La tierra es sólida, fría y seca; las personas con este elemento predominante en su carta se identifican con la realidad material, con lo que pueden ver y tocar con los sentidos físicos. Necesitan de la seguridad material para su estabilidad emocional, creen en aquello que le resulte lógico y tangible, son los "prácticos" del zodíaco. En su temperamento poseen una actitud seria ante la vida, son conservadores, calculadores y fríos en sus acciones.

Se caracterizan por ser reservados y cautelosos al expresar sus sentimientos, y emocionalmente son poco comunicativos, lo cual los conduce a la introversión. Sus acciones siempre están encaminadas hacia metas concretas y funcionales. Son flemáticos, pacientes y constantes en el logro de sus objetivos, a veces pueden esperar por años las condiciones propicias para alcanzar sus metas. Muchas personas de este elemento consiguen éxitos materiales, debido a su paciencia, disciplina y tenacidad, aunque también, cuando no logran sus propósitos se deprimen y acumulan mucho estrés y ansiedad.

Por su naturaleza las personas de tierra son austeras, aunque si se van a los extremos pueden volverse avaras, lo que las llevará a esclavizarse con sus posesiones, dando como resultado la limitación para relacionarse y compartir sus vidas con sus semejantes, tanto en lo material como en el amor, que es la posesión más preciada en el universo. Esta es la razón por la cual algunas personas que logran fama y poder económico, viven aisladas y sin amor, lo que les produce un gran vacío existencial, condición que se puede manifestar en la clase artística y en las personas que manejan grandes emporios.

Pero, no es cierto, como dicen algunos, que el poder y la fama proporciona la soledad, lo que produce la soledad es la avaricia de poder desarrollada por el individuo. Existen casos de personas con mucho poder y muy famosas que mantienen una buena interacción con sus semejantes y son muy amadas por ellos.

Un caso típico es el ya fallecido Juan Pablo II, quien tenía el Sol, la Luna, Mercurio y Venus en el signo de Tauro, y Saturno en Virgo, todos en signos de tierra, o sea que en su temperamento predominaba el elemento tierra y durante toda su vida vimos la disciplina, la paciencia y constancia con que realizaba todas sus acciones. Los éxitos que logró se debieron a estas cualidades y a pesar de ser uno de los hombre más poderosos del mundo, fue muy querido por todos y esta expresión de afecto no era por ser el Papa, pues han existido otros Papas que no han despertado ese sentimiento, ni en los feligreses de la iglesia católica, ni entre sus allegados.

Aire (Temperamento intelectual)
Géminis, Libra y Acuario

El temperamento propio del elemento aire es similar al aire que respiramos, el cual se encuentra en todas partes. Donde no hay aire, no hay vida. De la misma forma estas personas inyectan vida y encienden la chispa en las reuniones, en particular, si son actividades sociales e intelectuales. Tanto las personas de fuego como las de aire son extrovertidas.

El elemento aire se relaciona con el mundo de las ideas. Cuando le decimos a alguien que está en las nubes, es porque está identificándose con el elemento aire, ellos son los "teóricos" del zodíaco. Al contrario que los de tierra, los de aire se mantienen en las alturas de sus creaciones mentales, no le interesa para nada el mundo de las formas concretas, porque sienten que esa realidad les entorpece su imaginación. Viajan con su mente al mundo de las ideas, donde todo es posible, y crean mentalmente cuantas cosas se les ocurran, a tal punto que a veces les cuesta plasmar sus ideas en el plano físico, ya que no siempre las condiciones son las más idóneas.

Como son mentales, tienen mucha necesidad de expresión verbal; son curiosos, necesitan alimentar constantemente su intelecto y tener material para hablar en las reuniones sociales. Muchas de las personas que trabajan en los medios de comunicación y en agencias publicitarias poseen muchos planetas en el elemento aire, sobre todo los geminianos en la comunicación y los acuarianos en la publicidad.

Mientras el elemento fuego es inquieto físicamente, el aire lo es mentalmente. Esta actividad mental los puede llevar a estados nerviosos que le afectan hasta el sueño. Se pasan gran parte de su tiempo planificando lo que van a hacer más adelante, esta actividad afecta su sistema nervioso y la persona puede perder su armonía emocional.

Tengo una amiga de signo solar Libra y Ascendente Géminis, con Marte en Casa I. Ella posee 11 puntos en el elemento aire, de los 17 que es el total de los cuatro elementos, y cuando tiene algún proyecto nuevo me llama por teléfono varias veces al día para contarme otra idea nueva que se le ocurrió del mismo tema anterior, y según me va hablando de su proyecto su comunicación se va acelerando.

Yo disfruto mucho estas conversaciones, pues sé que al final hará cualquier otra cosa, menos lo que me había dicho. Ahora bien, eso sí, a veces tiene unas luces para darme consejos y soluciones a problemas míos, que la verdad me sorprende. Para esto son muy buenos, pues tienen la habilidad de ver las cosas de los demás en perspectiva. En sentido general son muy amenos, algunos hablan hasta por los codos y eso puede molestar a otras personas; también se inclinan a fantasear un poco.

Para crear necesitan aislarse de las experiencias cotidianas, y así obtener sus objetivos. Cualquier preocupación de la vida cotidiana entorpece su creatividad y su sentido proyectivo, ya se trate de un escritor, un pintor, o un planificador de proyectos. La cotidianidad obstaculiza su creatividad, por esta razón, muchos artistas, pintores, escultores y compositores se aíslan para realizar sus obras.

Agua (Temperamento emocional)

Cáncer, Escorpio y Piscis

Las personas con este elemento predominante en su carta natal son consideradas las "sensibles" del zodíaco, se contaminan emocionalmente con todo lo que les rodea. Tienden a ser serviciales, porque todo dolor ajeno lo toma como propio, se adhieren a los demás emocionalmente y tienden a la dependencia de los seres queridos, pero también poseen mucha capacidad reflexiva y psíquica. De los tres, Cáncer es el más reflexivo, por tener una inclinación a la interiorización.

Cuando el elemento agua predomina en la carta de una persona, su mayor necesidad es contar con el apoyo de sus seres queridos o personas significativas en su vida, esto le proporciona la seguridad emocional que es la base de su estabilidad. Si este apoyo no se presenta, existe la predisposición al desborde emocional, a veces con lágrimas, otras guardando resentimientos, otras haciéndose daño ellas mismas o haciéndose las víctimas para manipular a los demás, todas actitudes tan dañinas como el desborde de un río. Pero si encuentra este apoyo encauzará su parte emocional como suele suceder con los canales de regadío, que alimentan las tierras para que dé mejores frutos. Esta es una respuesta emocional positiva, la anterior no.

De la misma forma que un río profundo posee aguas tranquilas en la superficie y fuertes corrientes en sus profundidades, así son las personas del elemento agua. A veces, las percibimos tranquilas y apacibles, pero pueden estar viviendo intensas emociones internas. Sólo en la intimidad, y luego de crear lazos de confianza muy estrechos, puede mostrarse un poco más expresiva, aunque el recelo es algo que la acompañará siempre. Necesita mucho del contacto físico y sus metas las logra por su fuerza emocional.

Los nativos con un temperamento de agua reprimen sus emociones, no dejan ver sus perturbaciones anímicas. Esta represión los lleva a acumular tensiones emocionales, que cuando no son canalizadas correctamente, conllevan la enfermedad del órgano que está siendo sometido a la represión. El órgano más vulnerable en este caso es el estómago, por encontrarse en el área del plexo solar, centro de las emociones y el signo que se puede ver más afectado con problemas en este órgano es Cáncer, por ser el signo que lo rige.

En el temperamento agua he observado algo curioso. Tomaré el caso de una alumna mía que posee 9 puntos de agua, de estos 9 puntos, 6 se encuentra en el signo de Escorpio, 2 en el signo de Piscis y 1 en el signo de Cáncer. Es una persona sumamente sensible a las energías emocionales que le rodean, ya esté en su casa o en cualquier otro lugar. Ella percibe los estados emocionales de otras personas y se contamina fácilmente. Si son estados alegres se siente alegre, pero si son estados depresivos o de ira ella se contamina. No es que se ponga furiosa o eufórica, simplemente ella expresa que los siente, y claro está, esto le molesta bastante, pues muchas veces, me cuenta, que se pone a llorar sin tener motivos, o que se siente molesta sin razón alguna.

En este caso, el signo responsable de esa intensidad emocional es Escorpio. De los tres signos de agua es el más intenso y de mayor profundidad. Esta persona es una de mis mejores alumnas de astrología, ejerce la astrología y también el tarot, es muy buena en sus pronósticos.

Existen otros tipos de temperamento agua que son menos sensibles en cuanto a profundizar en los misterios y ciencias esotéricas, pero todos poseen mucha sensibilidad y se contaminan con los estados emocionales de las personas que aman o con estados emocionales que ya han experimentado y lo observan en otros. Por ejemplo, si de niño fue abandonado por uno de sus padres, y en algún momento alguien le comenta o ve el abandono de un niño en una película, inmediatamente se identifica con su abandono y las lágrimas pueden asomar fácilmente, viviendo nuevamente su estado de abandono, aunque tenga 70 años.

Otra condición muy particular de las personas con temperamento de agua es que los cinco sentidos le hacen evocar situaciones del pasado, sobre todo el sentido del olfato y el sentido del oído. En relación al sentido del olfato, recuerdo el caso de Anita, ella es Cáncer, Ascendente Piscis, es toda sensibilidad.

En su primera cita, cuando empiezo a analizar su temperamento y le explico que sus cinco sentidos le hacen evocar recuerdos del pasado, ella me interrumpe para afirmarme lo que le estaba diciendo, y me cuenta, que cuando era pequeña se identificó mucho con su abuelita, que usaba un perfume particular, que no es de uso común en otras mujeres.

Resulta que al cabo de 10 años aproximadamente, a Anita se le acercó alguien que usaba el perfume de su abuelita. Me contó que inmediatamente al percibir el aroma se trasladó a ese pasado, y los buenos momentos, y el amor que le dispensaba su abuela llegó a su memoria. Este recuerdo hizo que asomaran las lágrimas a sus ojos sin poder evitarlo, pues su abuelita había partido de este mundo hacía un buen tiempo.

Pero lo mejor del caso es que la persona que usaba el perfume era una clienta del banco donde ella trabaja. Dice que no sabía qué hacer, pues la clienta no tenía ni idea de lo que le ocurría y ella no se atrevía a decírselo, pues según ella, la clienta iba a pensar que estaba loca. Anita en su carácter es mutable, por eso pensaba de esa manera, no se atrevía a expresar lo que sentía para que la clienta no pensara mal de ella, así son las personas mutables.

Para no alargar mucho esta historia, aún cuando me estaba contando esto, volvieron a asomar las lágrimas a sus ojos, y muy emocionada, volvió a recordar esos momentos agradables con su abuela.

Lo mismo sucede con la música. Al escuchar una canción, la persona evocará un momento vivido en el pasado, que puede ser agradable o no, pero que lo va a traer al presente y reaccionará igual que en su momento. En el último caso, es conveniente no quedarse a terminar de escuchar la canción, por el contrario, lo aconsejable es pararse y realizar otra actividad para olvidar el mal recuerdo.

De los tres signos de agua, el que posee mejor memoria es Cáncer, a ellos les digo que tienen memoria de elefante, pero esta memoria a veces los mortifica, pues así como no olvidan los halagos y las cosas bonitas que reciben, tampoco olvidan las ofensas, lo que les hace daño. Con esto terminamos con los temperamentos del individuo.

Características generales del comportamiento social del individuo

Carácter Cardinal (Líder)

A los signos que representan el carácter cardinal o de liderazgo, se les llama así porque son ellos los que inician las cuatro estaciones del año. El 21 de marzo se celebra el equinoccio de primavera, el Sol entra a 0 grado de Aries; el 22 de junio el solsticio da inicio al verano, el Sol pasa a 0 grado de Cáncer; el 23 de septiembre con el equinoccio de otoño, el Sol entra a 0 grado de Libra; y el 22 de diciembre, el solsticio da inicio al invierno, el Sol pasa a 0 grado de Capricornio.

El carácter cardinal o de liderazgo representa la actividad, la iniciativa, la energía que nos impulsa a emprender cosas. Las personas con este carácter poseen la cualidad de incidir en su medio ambiente a través del liderazgo que desarrollan. Las casas donde se presentan los signos cardinales serán las áreas de la vida donde emprenderán cosas y se manifestará la capacidad de liderazgo y de mando que proporciona esta cualidad del elemento.

Pero el carácter cardinal se verá expresado de diferente forma según el elemento al que pertenezca. Un cardinal de fuego, que es Aries, se expresará como una persona emprendedora, activa e inquieta. Cáncer, que pertenece a la cualidad cardinal de agua, será un líder que aplica sus facultades intuitivas, o puede lograr sus metas a través de su fuerza emocional y su tenacidad. Libra, cardinal de aire, ejerce su liderazgo a través de su actividad mental y de su comunicación agradable. Cuando está en una posición de mando lo hace con diplomacia. Y por último, el cardinal de tierra, Capricornio, utiliza su habilidad de organización y método, así como el esfuerzo práctico ejemplificado por él mismo, como es, llegar temprano al trabajo y cumplir con sus deberes.

Regularmente el líder capricorniano es muy formal y serio en su aspecto físico; y además es exigente con su trabajo y con sus subalternos. Las personas con el carácter cardinal son las que ponen la acción, el movimiento y el dinamismo en las actividades que participen. Son capaces de luchar; y muestran gran entusiasmo cuando sienten que lo secundan en sus propuestas, asumiendo la dirección de cualquier actividad sin darle muchas vueltas al asunto.

Este es un planteamiento muy general, como lo expreso a través de todo el libro, no existen comportamientos estándares, siempre habrá factores que modifiquen o maticen las predisposiciones arquetípicas de cada individuo, porque el ser humano además de complejo, constituye un universo único en el cosmos.

Carácter Fijo (Independiente)

El carácter fijo o independiente nos habla de resistencia al cambio. Posee regularmente una predisposición a ser serio y formal ante la vida y se relaciona de la misma manera con el entorno. No se deja influenciar por nada ni por nadie. Prefiere la independencia, ya que depender de otros le puede llevar a cambiar sus planes, cosa que lo fastidia e irrita debido a que es psicorrígido, tanto en sus ideas como en el desenvolvimiento cotidiano.

Saber lo que hará mañana, le proporciona seguridad, pero la vida misma es un constante cambio, y se ve frecuentemente sometido a cambiar de planes, lo que le produce mucha tensión. Este tipo de carácter necesita tener su día programado y bajo su control. Si por alguna circunstancia externa y sin haberlo decidido tiene que cambiar su programa del día, se desconcierta, hasta que encuentra una nueva opción.

Yo poseo este carácter, y cuando alguien cambia mis planes, me molesto bastante. Mi hija ha sido una buena herramienta para practicar la flexibilidad, pues a veces programamos hacer alguna diligencia juntas para el día siguiente, y luego ella me dice que se le presentó un inconveniente de trabajo y que lo vamos a tener que dejar para otro día. Por un lado entiendo que su trabajo es algo importante, pero por otro lado me molesto, pues ya me había programado para realizar esa diligencia. Con el tiempo he ido tomando las cosas con filosofía, y aunque de primera intención me molesto, pues el carácter se manifiesta, al instante hago conciencia de que estoy molesta por mi carácter fijo y aprovecho el tiempo en realizar otra cosa.

Gracias a Dios, con la astrología he llegado a conocer esta conducta en mí, y el aceptarla me ha permitido modificar un poco mi carácter de resistencia a los cambios. Si aceptamos la astrología como un instrumento de auto-conocimiento, podemos lograr muchos beneficios de ella, sobre todo, modificando aquellas conductas que nos hacen daño a nosotros mismos. El carácter, siempre y cuando estés conciente y lo desees, puedes modificarlo, no así el temperamento, que como dijimos anteriormente, tiene que ver con el sistema endocrino.

Las personas con carácter fijo, cuando deciden cambiar hábitos o actitudes, lo hacen sin que se les diga y sus cambios siempre son permanentes. Nunca pienses que cambiarán porque se lo pidas, a menos que se convenzan ellos mismos. Otra característica muy peculiar es que siempre acostumbran visitar lugares que, por supuesto, ya conocen. El conocimiento a priori les da seguridad, sienten la necesidad de tener una idea formada de dónde van a ir. Esto también tiene que ver con la resistencia al cambio, la innovación les causa cierto recelo, pues no saben si les agradará el cambio, prefieren la rutina y lo que ya conocen. A los fijos nos suelen llamar los ritualistas y tercos del zodíaco.

Carácter Mutable (Cambiante)

El carácter mutable necesita cambio constante, todo lo rutinario les hastía, su motivación para actuar es el cambio. A diferencia de los fijos, no soportan lo habitual y les gusta socializar, tienen dificultad para mantener sus propósitos.

Carmen Luisa, es una amiga con una alta puntuación del carácter mutable. Un día me visitó muy angustiada, y me decía que no sabía qué hacer, que su vida era un desastre, pues acababa de tener un problema con su esposo y que ella no sabía cómo evitar esos problemas que eran muy frecuentes. Ella quería hacerse su carta natal para ver qué le estaba pasando. La tranquilicé un poco y nos sentamos a analizar su carta. Durante la consulta, me contó que tenía que ir al supermercado por unas provisiones que le hacían falta para el almuerzo, y justo cuando estaba apunto de salir, llegó una amiga que le pidió que la acompañara a comprar unas telas para forrar unos muebles, ya que ella tenía muy buen gusto para esas cosas.

Carmen Luisa no fue capaz de decir que "no podía acompañarla". Pese a que no podía ir, pues sabía que se iba a retrasar con el almuerzo, acompañó a su amiga de todas formas. Me cuenta que se sentía súper incomoda, pero fue incapaz de comunicarle a su amiga la urgencia que tenía, y tal como lo suponía llegó, tarde a su casa. El esposo se molestó porque el almuerzo no estuvo a tiempo, tuvieron un disgusto grandísimo, el esposo se fue al trabajo sin comer y ella se quedó muy angustiada.

Ella pudo evitar este conflicto con sólo decirle a su amiga, "mira hoy no puedo complacerte, pues tengo un compromiso". ¿Te puedes imaginar cómo es su vida? Este es un comportamiento muy frecuente en ella y eso le trae innumerables problemas, no sólo con el esposo, sino con los familiares y las amistades. Dice ella que reconoce lo mucho que le cuesta mantener su posición cuando debe decir que "no". Luego de ese día comenzamos una terapia de concientización de esta conducta, acompañada con la terapia floral del Dr. Bach y ha mejorado bastante, aunque de vez en cuando tiene sus problemitas cuando no está alerta.

En el caso de Carmen Luisa, ella tiene un alto nivel de puntuación en signos mutables, nada más y nada menos que 11 puntos. Esta conducta es bastante frecuente en las personas con una puntuación elevada en estos signos, y es más frecuente cuando hay muchos planetas en los signos de Géminis y Piscis, que es el caso de Carmen Luisa, aunque no es tan extremo cuando la mutabilidad se presenta en los signos de Virgo y Sagitario.

No siempre las personas con carácter mutable se dejan convencer tan fácil, lo que sí es seguro, que se les dificulta ir contra la corriente, y a veces, aunque no estén de acuerdo con los conceptos externados por otros, tienen dificultad para expresar y sostener sus opiniones, prefiriendo adaptarse a las circunstancias manteniendo silencio antes que oponerse a ellas. Si te identificas con este caso, busca ayuda, ya sea psicológica o con alguna disciplina alternativa.

Por otro lado, el carácter mutable precisa de la relación interpersonal y ante el temor a perder sus relaciones, prefieren adaptarse a lo que dice la mayoría. Por eso al relacionarse con los demás se muestran simpáticos y caen muy bien en cualquier grupo. Ellos dirán: "hay que estar bien con los demás, para que los demás estén bien conmigo". Pero esto no siempre es bueno, pues a veces pueden perder de vista la misión que les toca realizar en esta vida, lo cual es básico para el crecimiento y desarrollo del individuo.

Cómo se transmite la herencia psicológica

Algunos padres, sin darnos cuenta, reforzamos en nuestros hijos el carácter mutable cuando utilizamos frases como éstas: "debes hacer esto o aquello", "tienes que actuar como todo el mundo para que te acepten". Estas expresiones se graban en el subconsciente del niño. Luego, cuando este niño crece y comienza a interactuar con grupos de amigos que fuman, por ejemplo, él va a fumar aunque no lo desee, porque en su subconsciente existe un cliché que le dice que hay que hacer lo que hace todo el mundo, y como papá y mamá siempre le decían lo que tenía que hacer, en estos grupos estará esperando que se le diga qué hacer.

Con esta actitud estaría perdiendo su individualidad y dejando de ser él mismo, sin capacidad para tomar sus propias decisiones. Observa de qué forma tan sutil a veces estropeamos la vida de nuestros hijos, y ni nos damos cuenta, les cortamos las alas para que no vuelen por ellos mismos.

Este comportamiento de los padres en ciertos casos tiene su origen en un factor de herencia psicológica. Es sabido que muchas conductas pasan de generación en generación, pues en la educación de nuestros hijos usamos patrones conductuales que usaron nuestros padres con nosotros.

La astrología nos da una explicación del por qué. En nuestra carta natal, la Casa IV (área de la familia paterna), su planeta regente y sus planetas ocupantes, si los hay, son los factores determinantes para que esto ocurra. Además existen patrones de conducta comunes en las cartas de los padres y de los hijos. En una carta natal del sexo masculino las Casa IV representa al padre y la Casa X a la madre; y en la carta natal del sexo femenino, la Casa IV representa a la madre y la X al padre.

Para mostrarte cómo se cumple esto de la herencia psicológica y los patrones de conductas comunes, tomaré el caso de una familia que estuvo en terapia conmigo. El padre se llama Víctor, la madre Rosa María, el hijo Víctor José y la hija María Rosa. Observa las similitudes de signos y planetas entre ambos padres y los hijos.

Carta de Víctor (padre)	Carta de Víctor José (hijo)
Ascendente en Sagitario	Sol en Sagitario
Júpiter en Leo	Júpiter en Leo
Venus en Sagitario	Venus en Sagitario
Sol en Capricornio	Casa IV en Capricornio

Carta de Víctor (padre)	Carta de María Rosa (hija)
Sol en Capricornio	Sol en Capricornio
Saturno en Géminis	Saturno en Géminis
Venus en Sagitario	Venus en Sagitario
Luna en Tauro	Casa X en Tauro

Carta de Rosa María (madre)	Carta de Víctor José (hijo)
Ascendente Cáncer	Casa X en Cáncer
Sol en Libra	Luna en Libra

Luna en Sagitario	Sol en Sagitario
Mercurio en Escorpio	Mercurio en Escorpio
Nodo Norte en Tauro	Nodo norte en Tauro
Carta de Rosa María (madre)	Carta de María Rosa (hija)
Plutón en Leo	Casa IV en Escorpio
	Ascendente Leo
Marte en Escorpio	Marte en Escorpio
Sol en Libra	Plutón en Libra

En el caso del padre con el hijo, el padre tiene el Sol en Capricornio y el hijo la Casa IV en Capricornio, transmitiéndole al hijo las características de Capricornio. En cuanto a la hija, la Luna del padre se encuentra en Tauro y la Casa X de la hija es Tauro, otorgándole a ésta las características de Tauro. Aquí se puede ver claramente la herencia psicológica que reciben estas dos personas de su padre.

Otro patrón que transmite el padre y que está marcado en los dos hijos es la posición de Venus en Sagitario. Venus simboliza la forma de dar y recibir afecto, el padre y los hijos lo realizan de la misma forma. En estas tres personas, el vínculo relevante por herencia psicológica corresponde a las características de los signos Sagitario-Capricornio.

En el caso de la madre con la hija, la madre tiene a Plutón en Leo y la hija tiene el Ascendente en Leo y la Casa IV en Escorpio, que es el signo regido por Plutón. Por otro lado, la hija tiene a Plutón en Libra, que es el signo solar de la madre y las dos tienen a Marte en Escorpio. En este caso la herencia que transmite la madre a la hija está representada por las características de los signos Leo-Escorpio y las características de Plutón, planeta regente de Escorpio. Esta característica escorpiana, la madre la comparte con el hijo, dado que ambos tienen a Mercurio en Escorpio.

En síntesis, la herencia psicológica que transmiten estos padres a sus dos hijos está determinada por los signos de Cáncer-Leo-Escorpio-Sagitario-Capricornio, que son los signos predominantes. Al encontrarse el signo de Sagitario relacionado con las cuatro cartas natales, nos informa que esta familia posee una dinámica sagitariana en la relación entre ellos.

Con este ejemplo puedes comprobar que nada se produce al azar y que la astrología es una herramienta muy valiosa para comprender las incógnitas de la vida. Nunca naceremos de unos padres que no tengan vínculos planetarios con nuestra carta natal. Si en algún momento llegaran a tus manos cartas de padres e hijos que no posean por lo menos dos o más factores en común, esto indicaría que esa persona no es hija de esos padres. Esta técnica se puede utilizar para determinar la paternidad reclamada o negada. Quizás dentro de pocos años reemplazaremos los análisis de sangre por el análisis astrológico para confirmar o negar una paternidad.

Este método es muy eficiente, sólo se necesita la fecha, la hora aproximada y lugar de nacimiento del padre y del hijo. La utilidad y alcance que posee esta ciencia para resolver algunas incógnitas que se presentan en nuestra vida, le otorga un carácter científico. En este sentido, la astrología puede ser utilizada por las ciencias jurídicas.

El ascendente

El Ascendente es el grado del zodíaco que aparece al Este del horizonte en el momento del nacimiento y está ubicado a la izquierda de la carta natal. Este punto en nuestra carta viene determinado por la hora en que nacemos. Es el responsable de la reacción inmediata al medio ambiente, de la apariencia y rasgos físicos, si tendremos un cuerpo fuerte y resistente o débil, nos dice cómo es nuestra infancia y condiciona la personalidad del individuo.

Si el astrólogo es observador -y debe serlo, porque con la observación se aprende más que con los libros- podrá corregir una hora errada. A veces las facciones y los gestos de la persona me confirman si la hora que me dio es correcta. Hay casos donde lo noto a simple vista, en otros lo descubro durante la consulta. El ascendente es un punto tan determinante en relación a la persona misma, que a través de los años, la observación me ha permitido catalogar los arquetipos más sobresalientes de cada signo.

He podido observar que las personas con un ascendente Géminis tienen los brazos largos en relación a su cuerpo, los piscianos tienen ojos muy parecidos a los de los peces, casi siempre ojos muy lindos, o tienen la dentadura como los peces, los libranos la cara ovalada, y ya sea caminando o parados por un tiempo, son como un péndulo, se mueven de un lado para otro; los taurinos regularmente poseen un cuello ancho. Pudiera seguir mencionándote rasgos para cada signo, pero sería muy larga la lista, estas son algunas de las observaciones que he realizado, quizás te animes y encuentres geminianos, piscianos, libranos y taurinos en tu entorno. La apariencia física dice mucho sobre el ascendente de cada persona.

Estos rasgos son muy marcados por el ascendente, a veces hay una combinación de ascendente y signo solar. Muy pocas veces me equivoco cuando le pregunto a alguien en la calle o en algún lugar público ¿eres de tal signo? Como comprenderás, la persona se sorprende, pues sabe que no le conozco, entonces le explico y de la conversación he hecho algunas amistades. Esto sólo lo hacía, porque ya no lo hago, con una actitud de investigación, para comprobar mis observaciones. La astrología es fascinante, y cuando me suceden estas cosas la más sorprendida soy yo.

Existe un método que cuando se conoce la hora aproximada de nacimiento, se puede sacar el ascendente sin tener que hacer cálculos. Lo compartiré contigo: Tomamos como punto de partida el signo solar de la persona. A este signo solar corresponde el período entre las 6 y las 8 de la mañana. Luego, cada dos horas vamos cambiando al signo siguiente hasta llegar a la hora del nacimiento. En el signo que caiga dicha hora, será el signo del ascendente. Para ilustrarlo mejor tomaré un ejemplo: Rodolfo nació el 12 de diciembre 1959, a las 2:30 P. M. Esta fecha corresponde al signo solar de Sagitario. Tomamos como punto de partida a Sagitario y anotas en un papel:

De 6:00 AM a 8:00 AM —Sagitario
De 8:00 AM a 10:00 AM —Capricornio
De 10:00 AM a 12:00 M —Acuario
De 12:00 M a 2:00 PM —Piscis
De 2:00 PM a 4:00 PM —Aries

Como las 2:30 PM se encuentran entre el período de 2:00 a 4:00 PM, el ascendente de Rodolfo es Aries. Este método no es exacto como si lo sacaras por la computadora, ni tampoco sabrás el grado en el que cayó el ascendente, pero por lo menos te da el signo donde está. A veces yo utilizo este método cuando alguien se me acerca para preguntarme cual es su ascendente y no tengo la computadora a la mano.

Conociendo el ascendente, la posición del Sol, de la Luna, la de Mercurio, la de Venus y la de Marte, posiciones que aparecen en el almanaque astronómico de las efemérides, se obtiene bastante información sobre cualquier persona. Como puedes ver, con estos datos puedes conocer las energías planetarias que inciden en la conducta de una persona, información que nos sirve para comprender mejor a nuestros semejantes y poder adquirir experiencias que nos proporcionarán una mayor amplitud en nuestra concepción de la vida.

El ascendente es un indicador de las potencialidades, virtudes y debilidades, en fin, de todo el conjunto de cualidades que definen la personalidad del individuo. Si decides acercarte a la consulta astrológica para hacerte tu carta natal, hazlo con el propósito de comprender tu misión en la vida, dejando de lado los condicionamientos, que prejuicios o informaciones erradas hayan creado en ti.

Estados cósmicos y terrestres de los planetas

Los planetas poseen dos estados, uno cósmico y uno terrestre. Cuando miramos hacia el cielo podemos ver el Sol y la Luna; y si nos paramos delante de un telescopio podríamos ver algunos de los demás planetas. Esa es la posición que ellos tienen vistos desde la Tierra. Si además pudiéramos ver los signos por donde ellos transitan, diríamos por ejemplo, que la Luna está transitando por el signo de Tauro, o sea, ésta sería la posición de la Luna en un momento cósmico equis, fenómeno conocido como el "estado cósmico" del planeta.

Sigamos con otro ejemplo. En la Tierra nacen tres niños cuando la Luna está transitando por el signo de Tauro. En ese momento cósmico, uno nace en New York, otro en Inglaterra y otro en República Dominicana; pero además, el primero nace a las 2:30 AM hora de New York; el segundo a las 6:17 PM hora de Inglaterra y el tercero a las 9:51 AM hora de República Dominicana. Los tres tendrán en sus cartas natales la Luna en Tauro, aunque por haber nacido en diferentes países y en horas diferentes, esa misma Luna en Tauro estará en Casas Astrológicas diferentes, influenciando áreas distintas en las vidas de estos niños, este fenómeno en astrología se conoce como "estado terrestre o local".

Marianela es una clienta de hace unos años. Desde antes de casarse me había comunicado que cuando tuviera su primer hijo le iba hacer su carta natal. Al año siguiente de consultarme se casó y al tiempo tuvo su primer hijo a quien llamó Pat. Tal como lo prometió, un día me pidió cita para interpretar la carta natal de su hijo.

Ella tuvo la gentileza de permitirme comentar en este libro un segmento de la interpretación que le hice de la carta de su hijo, para que tú, si eres madre o padre, sepas que te puedes beneficiar de lo que la ciencia astrológica puede hacer para la mejor educación y encauzamiento de la vida de tus hijos.

Pat nació el día 6 de febrero del año 2001 en Santiago, República Dominicana. Ese día el Sol estaba transitando por el signo de Acuario, entonces decimos que Pat es acuariano por signo solar. Resulta que ese día, Urano, regente de Acuario, se encontraba en conjunción con el Sol en el signo de Acuario. Este aspecto de conjunción Sol-Urano se presenta en su Casa III.

El Sol en el signo de Acuario (el estado cósmico) le da genialidad, interés en la tecnología avanzada, podría ser en la investigación espacial, pero ¿en cuál área de su vida se presentan estas características? En la Casa III, (el estado terrestre) área que simboliza la mente concreta y la comunicación, también la educación básica, que en el caso de la carta de un niño se debe interpretar para que los padres sepan cómo guiar a sus hijos en los primeros años de estudios primarios. Recuerda que el planeta en los signos corresponde a la posición de estos en el cielo en un momento determinado, a lo que llamamos el "estado cósmico" del planeta. Y la posición del planeta por Casa está determinada por la hora y lugar de nacimiento, esto es el "estado terrestre".

Luego de tener la información anterior, el astrólogo debe traducir el lenguaje astrológico haciendo una síntesis con palabras sencillas y claras que le permita al consultante entender el simbolismo de este lenguaje. En el ejemplo anterior sería de la siguiente manera: Podemos decir que Pat será una persona con una inteligencia muy original, poco tradicional, enfocada hacia el futuro y excéntrico en su forma de pensar, esto es así porque estoy interpretando la posición del Sol en conjunción con Urano en la Casa III.

El Sol en Acuario nos habla de una persona solidaria con los amigos y grupos con los cuales se relacione a lo largo de su vida, ésta sería la actitud, determinada por su naturaleza solar, o dicho de otra forma, su manera de reaccionar en el plano físico, es algo intrínseco en él, algo que perdurará hasta que muera. Y Urano, le da la originalidad y excentricidad en su forma de pensar.

Si la conjunción antes mencionada se manifestara en su área de trabajo, correspondiente a la Casa VI, Pat sería amigo, muy solidario y buen compañero con sus subalternos y compañeros de trabajo, esto se debe a que Acuario y el Sol estarían ubicados en su Casa VI y por la posición de Urano en esa misma Casa, en su ocupación laboral estaría inclinado a la aviación, a la astrología o a cualquier ocupación relacionada con la investigación científica.

Los aspectos planetarios

Antes de definir lo que son los aspectos planetarios, debemos pensar en la carta natal como un mapa de forma circular, cuyo centro es la tierra.

La distancia entre dos planetas en la carta natal, es lo que llamamos aspectos planetarios, y es esta distancia la que determina los rasgos psicológicos del individuo y los eventos que va a vivir.

Los planetas son los portadores de las energías que dinamizan la vida, por tanto los ángulos que ellos forman nos determinan a actuar de tal o cual manera para que se realice nuestro papel en la vida que nuestra alma escogió para su evolución.

Hay varias clases de aspectos planetarios: la conjunción, es un aspecto fuerte y se manifiesta cuando dos o más planetas están muy cerca uno del

otro, con un orbe no máximo de 8 grados; el sextil, cuando los planetas
están a una distancia de 60 grados; la cuadratura, cuando dos o más planetas forman un ángulo de 90 grados; el trígono, cuando dos o más planetas
están a 120 grados; y la oposición, cuando dos o más planetas alcanzan un
ángulo de 180 grados.

La distancia entre estos planetas o aspectos planetarios, pueden ser facilitadores o tensos, prefiero llamarlos así y no benéficos y maléficos como se
le llamaban en la antigüedad. La distancia entre planetas determina si estos
aspectos son positivos o negativos, pero también esto depende de si los
planetas tienen energías afines (facilitador) o energías antagónicas (tenso).

Mary es una niña de 11 años, que tiene en su carta natal al Sol en conjunción con Mercurio que es un aspecto muy fuerte y denota incremento
y abundancia. Este aspecto se manifiesta en su personalidad, y a esta tierna
edad ya se observa su extraordinaria inteligencia. Este rasgo se debe a la
conjunción de estos planetas que se encuentran en la casa I, que representa
el área de la vida que corresponde a la personalidad del individuo, y por
ser Mercurio el planeta del intelecto y estar en conjunción con el Sol, la
abundancia que da el aspecto de conjunción hace que Mary tenga una
inteligencia brillante para lograr sus objetivos personales.

Otro ejemplo es el de Joan, un adolescente de 15 años que también posee el mismo aspecto que Mary, pero con la ubicación de estos planetas en
su Casa II, lo que señala un incremento económico, pero a su vez, al igual
que en el caso de Mary, es la inteligencia de Joan quién le incrementa sus
recursos económicos, pues Mercurio simboliza el intelecto. Si fuera Venus
que estuviera en conjunción con el Sol ya no hablaríamos de inteligencia,
sino del carisma, belleza, atractivo físico y el buen gusto de Joan, pero es
Mercurio, por tanto es su inteligencia. Observa cómo los planetas van tra-
zándonos el sendero de nuestra vida.

Tanto los aspectos planetarios facilitadores como los tensos son necesarios para nuestra evolución, pues así funcionan las cosas en el universo para
que pueda existir el equilibrio. Así tenemos, el día y la noche, la vida y la
muerte; continentes que se hunden y continentes que emergen.

Si pensamos por ejemplo en el proceso de alimentación, decir que la asimilación es buena y la eliminación es mala, no tiene sentido, pues se sabe que las dos son necesarias para el equilibrio de la salud, sólo se trata de dos fases en el ciclo de la alimentación.

Esto no es bueno ni malo, simplemente "es", porque así opera la ley de desarrollo y crecimiento de la colectividad humana y del universo. Y si pensamos en términos más amplios, en términos espirituales, el nacer y el morir constituyen simples fases naturales y necesarias para el desarrollo cíclico del alma que reencarna.

Los signos zodiacales

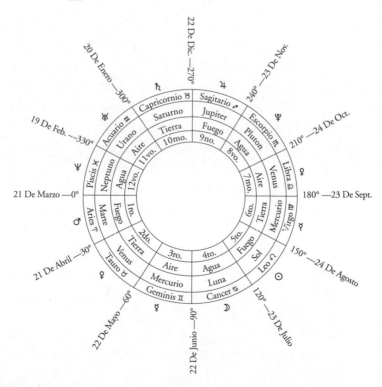

El signo de Aries
(20 de marzo al 19 de abril)

El que es impulsivo actúa sin pensar,
el que es reflexivo mantiene la calma.
—PROVERBIOS 14–17

Primer signo del zodiaco

Representación: El carnero

Regente: Marte

Cualidad de la materia: Cálido-seco

Elemento: Fuego

Cualidad del elemento: Cardinal

Frase clave: Yo soy

El simbolismo de Aries nos remite a la cabeza del carnero con sus cuernos, y es precisamente en esta área donde este animal posee su mayor fuerza. El carnero siempre ataca con la cabeza y golpea bastante fuerte, pero baja la cabeza al dar el golpe, por lo cual no tiene mucha exactitud para dar en el blanco y se estrella contra cualquier objeto que se encuentre a su paso. Así les sucede a algunos arianos, debido a su irreflexibilidad.

La frase que mejor identifica al signo de Aries es "yo voy adelante", de ahí su naturaleza competitiva, aunque se pueda pensar que los arianos son egoístas, no siempre es así, esto se debe al deseo intenso que poseen de ganar en cualquier terreno que se encuentren, por eso muchos deportistas son arianos, pues estas son actividades donde mejor pueden expresar su competitividad. Otras características de su personalidad es que son impulsivos, dinámicos, necesitan resultados inmediatos, poseen iniciativa y coraje, son individualistas y este individualismo se debe básicamente a que Aries necesita autoafirmación.

Los arianos necesitan ir adelante en todo lo que hacen, por lo cual muchos de ellos son pioneros en sus actividades. Debido a esta necesidad, cuando un ariano tiene que ir en la retaguardia, se vuelve aprensivo al no poseer el control de la situación; siempre piensa que los demás no sabrán hacer las cosas tan bien como él. Tengo una amiga ariana, que cuando sale con su novio y éste guía el auto, ella va frenando desde el asiento del pasajero a tal grado que llega a su casa con un dolor terrible en los pies y las piernas. Ella siente que si no es ella que va guiando, su novio se estrellará con el primer carro que va delante. Esta conducta es típica de los arianos, y se origina porque Aries es el primer signo del zodíaco, el que marca el inicio del año.

Cualidades positivas

Aries es un buscavida, posee bastante energía física y como tiene rapidez de pensamiento, es listo y perspicaz para lograr sus objetivos. El ariano posee una claridad mental increíble que le permite realizar cosas que para la mayoría de nosotros resultarían bastantes complejas. En sus acciones se muestra irreflexivo, por lo que resulta fácil para los demás descubrir sus verdaderas intenciones, y es que Aries no piensa para decir las cosas, razón por la cual, se le hace muy difícil ocultar sus objetivos. Posee una naturaleza ejecutiva, emprendedora, entusiasta, es muy bueno en una crisis donde hay que tomar medidas rápidas. Puede enojarse rápidamente, pero no suele ser rencoroso. Acuérdate que pertenece al elemento fuego y éste produce en él un carácter violento y arrollador, pero sin llegar a albergar rencor.

Cualidades negativas

Estas cualidades se manifiestan siempre y cuando el signo de Aries o su regente (Marte) estén con aspectos tensos. Se mostrará agresivo, intolerante, impaciente, dominante, discutidor, egoísta, temerario, insensible respecto al sentimiento ajeno; brusco y desordenado en sus acciones.

En el amor

Cuando Aries se enamora suele ser impaciente a la hora de expresar sus sentimientos y es muy apasionado, no posee mucho tacto, pues la misma impaciencia lo lleva a expresar sus sentimientos de forma franca y abierta, cosa que pudiera hacer sentir a la otra persona avasallada, sobre todo si ésta pertenece al signo de Tauro o de Cáncer, pero si es del signo de Géminis o de Acuario, posiblemente aceptará esta forma de enamoramiento sin inmutarse en lo más mínimo.

Esta diferencia se debe a que Tauro y Cáncer son dos signos que se toman su tiempo para enamorarse, y buscan siempre cierta seguridad y permanencia en la relación; mientras que Géminis y Acuario son dos signos que no necesitan sentirse comprometidos, y de hecho no les gusta, ya que la libertad es sumamente importante para ellos.

Como Aries es muy fogoso y apasionado, puede desarrollar una excesiva actividad sexual y pasar de un romance a otro con facilidad. Esto último es más evidente cuando Venus, el planeta del amor, se encuentra ubicado en la Casa V, la que representa el área del romance, o en la Casa VIII, área de la sexualidad. Si Venus se halla en esta última casa, la persona logra sus objetivos a través de su atractivo sexual. Al ser tan apasionado, al ariano no le preocupa dónde hacer el amor, puede ser en cualquier parte, cosa que muchas veces a la pareja no le gusta. Aquí el ariano debe pensar en su pareja y adaptarse a la comodidad del otro, así la relación tendrá mayor estabilidad.

De todas formas hay que aceptar que los arianos tienen una necesidad superior a la media en lo que se refiere al sexo, por tal razón necesita de una pareja entusiasta, activa y dispuesta a hacer el amor con frecuencia. Si por el contrario, la pareja es sexualmente pasiva, pueden presentarse problemas en la relación, problemas que se reflejarán en otras áreas de la vida y posiblemente salga a buscar en otro lugar lo que no encuentra en la pareja.

Otra característica que posee Aries es, que al ser un signo competitivo y que le gusta dirigir, necesita pensar que en la conquista es él quien toma la iniciativa y dirige la relación. Si por casualidad se enamora de alguien que es dominante y que quiere imponer reglas, esto hará que Aries se retire, pues no le gusta sentir que lo dirigen o que él vaya detrás.

Además, para Aries, el realizar una conquista representa un reto, una batalla ganada, cosa que le agrada mucho a los arianos, mientras más difícil es la conquista, más se apasionan, pero por su impaciencia no soportan hacer la ronda durante mucho tiempo. Les gusta que la conquista sea difícil, pero no imposible, pues al cabo de un breve tiempo, si no logra sus objetivos, abandona el terreno y se va a buscar a otro a quién conquistar.

Aries por pertenecer al elemento fuego es compatible con Leo, Sagitario, Géminis y Acuario; y se complementa con Libra. Ahora bien, esto no quiere decir que los arianos se van a llevar bien con personas de estos signos, aunque se puede dar el caso debido a aspectos armónicos entre los venus, las lunas o los martes de las dos personas; pero para afirmar si una relación de pareja será duradera y gratificante, cosa que todos lo desearíamos, para averiguarlo, hay que analizar primero las cartas natales de las dos personas y luego compararlas entre sí.

Al analizar cómo se relacionan los los ascendentes, los soles, las lunas, los mercurios, los venus y los martes de las dos personas, podremos dar un pronóstico de cómo se desarrollará la relación. Es la única forma de ser veraz al responder esta pregunta, y aun más, es necesario que las dos personas tengan sus fechas, horas y lugares de nacimientos correctos, o sea, que no es tan fácil que un astrólogo pueda hacer ese pronóstico con sólo conocer los signos solares de cada uno.

Esta técnica en astrología se conoce como sinastría, con la cual se puede pronosticar cómo se desarrollará una relación, cualquiera que sea: padres-hijos, esposo-esposa, socios en un negocio, etc. Por esta razón es imposible predecir con sólo ver los signos solares, si una relación será duradera y conveniente. Sólo la sinastría puede ayudar. Personalmente pienso que cualquier relación que te traiga la vida es buena, ya que representa una experiencia más en el sendero evolutivo del ser.

En el matrimonio

Como esposo o esposa son buenos, cuando asumen este compromiso lo hacen con entusiasmo y con el deseo de obtener el apoyo de alguien que cuando regresa a la casa, luego de un largo día de trabajo, lo espera con la cena preparada y un ambiente agradable en el hogar.

Cuando el ariano decide casarse, asume la responsabilidad familiar como el líder de la casa, esto lo lleva a decorar y arreglar él mismo todo lo que se necesite, como colocar las cortinas, clavar un clavo, hacer una estantería, etc.; esto en el caso del hombre; en el caso de la mujer, se ocupará de ordenar la casa a su gusto y a su comodidad, haciendo un sitio para su actividad favorita, que puede ser un cuarto de costura, o un cuarto para recibir a sus amigas cuando vengan a jugar canasta.

Como padres, no les molesta mucho el llanto de los niños, ni se angustian o se preocupan excesivamente por sus hijos. Si éstos tienen dificultad en el aprendizaje en la escuela, ellos procurarán ayudarlos, aunque pierden la paciencia con facilidad cuando no ven resultados pronto. A las personas arianas que se les presente esta situación, deben recordar su niñez, quizás le sucedía lo mismo, o se aburría con alguna de las materias que impartían en la escuela. Si logra recordar, posiblemente tenga la comprensión necesaria para tener paciencia con su hijo.

Otra característica ariana en el matrimonio, es su individualismo. Es importante que se autoanalice de vez en cuando, pues tiende a no darse cuenta que en el matrimonio se da y se recibe de parte y parte, no es una relación unilateral.

El matrimonio es una sociedad donde dos personas se unen para amarse, crear una familia y educar a los hijos, para que en un futuro sean personas de provecho en la sociedad. Entonces, si sólo uno es el que da o sólo recibe, a la larga esta unión se deteriora llegando al divorcio, situación que trae muchísimos trastornos, tanto a la pareja como a los hijos.

Mi sugerencia, si eres el hombre, debes estar dispuesto para cuando tu pareja necesite que te ocupes de los niños porque ella va a llegar más tarde, o cuando está recién parida, ayudarla en las noches a cuidar del bebé para que ella pueda dormir un poco, y otras cosas por el estilo, donde la pareja sienta que te ocupas de ella. Si eres mujer, debes estar dispuesta a atender a los amigos de tu esposo cuando vayan a jugar dominó, preparándole una buena picadura, o de vez en cuando prepararle un baño tibio, con esencias aromáticas, y después del baño darle un buen masaje en la espalda mientras escuchan una música suave.

Por último, si eres del signo de Aries y estás casado o casada, tienes mucho que ofrecer en el matrimonio. Tu entusiasmo y tu energía unida a la energía de tu pareja, te proporcionan un incentivo para vivir y crear las condiciones para que esta unión se conserve, y con el tiempo produzca buenos frutos, que son, tus hijos.

En la profesión

Las actividades profesionales que mejor se adecuan al temperamento de Aries son aquéllas que poseen un espíritu competitivo y el despliegue de fuerza física. Necesitan un trabajo que les exija mucho, donde puedan consumir su abundante energía, un trabajo que le presente retos y que sea competitivo y desafiante.

Para el ariano, el trabajo es como una batalla que se libra para ganarla, ésta puede ser física, en caso de trabajos como mecánica o deporte profesional, pero también puede ser intelectual, donde haya que competir con otros. Aquí la motivación es ser el primero en llegar, o ser el primero en sacar un nuevo producto, o iniciar un nuevo negocio. La competencia es el motor del ariano en lo que se refiere a lo laboral.

Lo que el ariano no soporta es un trabajo rutinario, aunque el sueldo sea muy bueno. Recuerda el caso de Peter, tan pronto organizaba el trabajo en la empresa y las cosas comenzaban a marchar sobre ruedas, lo abandonaba para buscar otro. El dinero para el ariano no es lo que lo motiva, pues las finanzas no son su fuerte, y aunque posee una fuerte necesidad de dinero, éste no es su motivación si el trabajo no es dinámico.

Los trabajos que le proporcionan mayores logros económicos y satisfacciones son aquellos donde pueda expresar sus características de pionero, todo lo que sea inicio de algo que no exista, y donde él sea el primero dará sus frutos. Profesionalmente puede interesarse en los deportes, en la milicia, como ejecutivo de alguna empresa, cirujano, también carnicero o mecánico, entre otras profesiones afines.

En la salud

Fisiológicamente, rige la cabeza, todas las enfermedades y contratiempos relacionados con esta área del cuerpo son producidos por este signo: golpes, heridas, neuralgias, inflamaciones de todo tipo y fiebres elevadas. Dado que es el signo opuesto a Libra, se pueden presentar dificultades renales.

Marte, regente de Aries

El planeta de la voluntad y de la acción es Marte. En su principio es masculino, por lo cual se muestra eléctrico y emisor. En la carta natal de ambos sexos representa la voluntad, el dinamismo, la agresividad, la lucha, la conquista y la necesidad de autoafirmación.

Marte representa a dos personajes distintos, dependiendo de si sus aspectos son armónicos o tensos. En buen estado cósmico y aspectos armónicos, es el militar disciplinado y valiente que defiende una causa justa o un territorio. En mal estado cósmico o con aspectos tensos, puede ser el delincuente que comete todo tipo de delitos contra sus semejantes y la sociedad.

En su manifestación positiva, Marte tiende a la realización plena de experiencias satisfactorias de los sentimientos y las acciones que realice el individuo. En su forma negativa produce frustración e insatisfacción al dirigir la voluntad hacia objetivos que están en oposición con la misión de su vida. ¿Recuerdas el caso de Carlos que comentamos anteriormente?, él tiene un aspecto tenso entre su Marte y su Sol.

Otro detalle a destacar es que los signos zodiacales tienen una relación directa secuencial con el cuerpo humano, empezando por la cabeza, gobernada por Aries y terminando en los pies, gobernados por Piscis. Haciendo referencia a Piscis y a los pies, resulta significativo que Jesús haya lavado los pies a sus discípulos antes de cumplir su misión, lo cual nos hace pensar que Él fue el Avatar de la Era de Piscis. Y en cuanto a Moisés, figura destacada del Éxodo, concentra muchas características arianas en la forma de cómo dirigió a su pueblo hacia la Tierra Prometida, por lo que se le reconoce como el Avatar (Mesías de una Era) de la Era de Aries.

En lo que respecta a la simbología y significado del signo de Aries, las características arianas se manifestarán en la Casa donde aparezca este signo y en la Casa donde aparezca el Sol en el signo de Aries. Necesariamente, no se reúnen todas las características arianas a menos que Aries y el Sol, junto a otros planetas, se encuentren ocupando la Casa I, pues la personalidad y la apariencia física están determinadas por el Ascendente, por el regente del Ascendente y por los planetas ocupantes de la Casa I.

En esta obra vamos sólo a comentar las características generales de cada signo, no lo que ellas representan en una carta natal particular. La información te puede servir para comprender ciertas áreas de tu vida y el por qué de muchas situaciones del diario vivir. Tomando las características de cada signo puedes autoanalizarte y ver con cuales de ellas te identificas, y así podrás conocerte mejor y ser más consciente de tus procesos evolutivos.

El signo de Tauro
(20 de abril al 20 de mayo)

El que es generoso, prospera;
el que da, también recibe.
—PROVERBIOS 11–25

Segundo signo del zodiaco

Representación: El toro

Regente: Venus

Cualidad de la materia: Frío-seco

Elemento: Tierra

Cualidad del elemento: Fijo

Frase clave: Yo poseo

El signo de Tauro está representado por un toro. El simbolismo evoca la cabeza y los cuernos del toro en su estado salvaje (el toro domesticado es el buey). Este animal tiene una fuerte estructura física, su paso es lento, pero firme, y es un animal de trabajo, que ara la tierra y hala carretas; también lo utilizan en las plazas de toros y como padrote cuando es un buen ejemplar.

Hago estas observaciones porque he aprendido que las analogías ayudan mucho en la interpretación de los símbolos, y en la naturaleza los arquetipos se manifiestan en todos los planos de la existencia, como son: los reinos mineral, vegetal y animal. Si aprendes a observar la naturaleza, podrás conocer grandes secretos de ella y de los seres humanos, de esta forma lograrás una mejor comprensión de la leyes cósmicas y de muchas conductas humanas.

Los taurinos, al igual que el toro, tienden a ser —en su constitución física— fuertes y resistentes; de estatura baja o mediana, cuello ancho, voz grave y agradable. Estas peculiaridades están presentes en las personas que tienen el Ascendente, el Sol o varios planetas en el signo de Tauro en Casa I.

Posiblemente conozcas a alguien con estas características, sobre todo, con el cuello ancho, pregúntale si es del signo de Tauro; si te dice que no, investiga su hora de nacimiento usando el método que te enseñé en el capítulo del Ascendente, y quizás puedas deducir que su Ascendente es Tauro. Comienza a hacer la prueba y te sorprenderás.

Las características generales de los taurinos son las siguientes: practicidad, confiabilidad, comodidad, sentido del valor de las cosas materiales, del arte y la belleza. Necesitan del confort en su vida y gustan de la buena mesa. Son muy leales a sus principios y posesivos con sus pertenencias. En su proceso mental, el taurino es un rumiante como el toro. Si le haces un comentario hoy, y es algo que le interesa, a la semana todavía lo estará analizando, y cuando digiere la información no la olvida jamás.

Cualidades positivas

Como persona es estable, metódico y constructivo. Paciente, leal, afectuoso, tiene sentido del humor, conservador a la hora de tomar decisiones y constante en todo lo que tenga que ver con el quehacer de su vida. El taurino tiene muy buena visión para los negocios, así como también para apreciar la belleza.

Cualidades negativas

Es lento para tomar decisiones que requieran rapidez, terco, materialista, posesivo, codicioso, resentido cuando le contradicen y falto de originalidad, pues sigue lo tradicional, se resiste a los cambios. Estas cualidades se presentan cuando Venus recibe aspectos tensos y en mal estado cósmico.

En el amor

Hay que recordar que Tauro busca siempre la seguridad, que puede ser material, pero también emocional. Partiendo de esto, podríamos decir que los taurinos al buscar una relación de pareja son lentos en decidirse a expresar sus sentimientos, pues temen mucho al rechazo. Además esta seguridad que tanto necesitan los lleva a querer formar parejas estables, es difícil que un taurino o una taurina busque una relación para pasar el rato, ya que esta situación le generaría inseguridad.

Cuando se sienten atraídos por alguien son sumamente apasionados, pero estudian detenidamente la situación con mucho cuidado y paciencia, pues como dije anteriormente, le tienen pánico al rechazo por un lado, y por el otro, les gusta estar seguros antes de comprometerse. Cuando sienten esa seguridad de ser aceptados se lanzan al ruedo, como hace el toro, y lo hacen muy bien, pues saben cuándo y cómo hacer un regalo, o cuándo enviar unas flores. Suelen invitar a cenar, lo que es muy agradable para ellos, pues son amantes de la buena mesa y posiblemente invite a su pareja a un restaurante elegante. Recuerda que el planeta regente de Tauro es Venus, planeta que nos habla del amor, la belleza y la elegancia, entonces, siempre invitará a un lugar elegante y fino. De esta forma, Tauro va dando pasos con paciencia, pero perseverante para lograr lo que desea, y por supuesto, casi siempre lo logra, porque ¿a quién no le gusta que lo mimen y lo atiendan con cosas agradables?

Como amantes son excelentes, pues siempre estarán atentos a su pareja, pero existe un rasgo en ellos, que es como un clavito en el zapato, y es que son muy posesivos, cosa que puede hacer sentir a la pareja que no posee libertad dentro de la relación. La palabra clave para Tauro es "yo poseo" y esta posesión se manifiesta en todo lo que ellos logran a través de su propio esfuerzo, por tanto también a la pareja la perciben como una posesión más.

En este sentido, deben aprender a ver la pareja como un ser humano que tiene su vida propia, no es un objeto material. Cuanto más le atraiga la persona, será más probable que se comporte de esta forma, lo que puede llegar a estropear la relación en algún momento. Modificar esta predisposición es algo un poco difícil para el taurino, pero no imposible de lograr si llega a darse cuenta de su debilidad y la trabaja. Pienso que de esta forma puede tener una relación más gratificante y satisfactoria.

Son sumamente apasionados y sensuales, aunque lo piensen mucho antes de lanzarse, son cariñosos, de sentimientos profundos y duraderos; son muy demostrativos y estables en los afectos. Conscientes del poder del sexo. El sexo es muy importante para el taurino debido a que busca el placer físico y el sexo forma parte de este placer, constituyendo una gratificación luego de un largo día de trabajo.

En definitiva, el taurino y la taurina son maravillosos amantes que saben cómo atraer de forma natural a quien le interese, pero deben estar alerta para no monopolizar la relación, pues pueden perder la oportunidad de trabajar ese rasgo negativo de posesión y a la vez perder una buena relación que le proporcione la seguridad que tanto desean.

Tauro, por pertenecer al elemento tierra, es compatible con Virgo, Capricornio, Cáncer y Piscis; y se complementa con Escorpio.

En el matrimonio

Como buscan la seguridad material, siempre, antes de tomar la decisión de formar un hogar, necesitan tener los ahorros necesarios para invertirlo en la compra de utensilios que le proporcione las comodidades en el hogar. Esta es una condición básica para Tauro, necesitan comodidad y confort en el hogar y esto, no sólo lo desea para él, también aquí incluye a la pareja y a los hijos cuando lleguen.

Un buen taurino trabajará duro para conseguir los recursos necesarios para tener todo lo que necesite en su hogar, aquí son unos bueyes trabajando, con mucha resistencia y ahínco, pero sabiendo que al final de la semana podrá descansar y dedicarse a actividades que le proporcionan placer, como sería, irse a la playa con la familia, o hacer un viaje de recreo, o simplemente quedarse en el hogar viendo televisión, pero siempre con su familia.

En el matrimonio, el sexo es uno de sus placeres más importantes, por tal razón, si tu pareja es Tauro, trata de no rechazarlo sexualmente, pues es algo que los disgusta bastante, lo que repercutiría en la dinámica diaria, volviéndose malhumorado e irascible. Tauro disfruta el sexo como ningún otro signo, y esto es vital en la relación, incluso, a veces pueden llegar a pensar que no se les ama, por lo que para el taurino del sexo masculino es importante que la pareja esté siempre dispuesta a complacerlo sexualmente.

Ellos deben entender que a veces la pareja no está en disposición de hacer el amor. Una vez más quiero hacer hincapié en tu excesivo sentido de posesión: cuando sientas este impulso, debes preguntarte si realmente piensas que tu pareja es una posesión tuya y que puedes disponer de ella cuando se te antoje. Este cuestionamiento puede ayudarte mucho para hacer conciencia de tu debilidad y lo que para ti sería un rechazo, puede convertirse en comprensión para con tu pareja y la relación fortalecerse cada día más.

Los taurinos como padres son excelentes, aunque pueden ser consentidores con los hijos, pero siempre estarán atentos a cubrir sus necesidades y a proporcionarles juguetes caros, a pesar de que éstos no estimulen la imaginación que tanto necesitan los niños a una edad temprana. Quizás en vez de comprarle unos cubos para formar castillos y figuras, le compren una pista de carritos de los más caros o una computadora, así son los padres Tauro. Muy amorosos y se preocupan cuando sus hijos son lentos en el aprendizaje en la escuela, pero deben recordar que los Tauro son lentos para aprender, aunque cuando aprenden no olvidan lo aprendido.

Compartiré contigo un caso donde el padre era taurino y el hijo también. Este señor llegó a la consulta muy preocupado porque pensaba que su hijo de tres años tenía un trastorno del habla, ya que a esa edad no se le entendía lo que decía. Él deseaba saber si el niño hablaría bien o no, pues ya lo había llevado a los especialistas y le habían dicho que el niño no tenía ningún trastorno, pero él no estaba convencido y me pidió una cita para interpretar la carta natal de su hijo.

Cuando analizo su carta, observo que el niño tiene un aspecto tenso de Mercurio en Tauro con Neptuno en Acuario. Siendo Mercurio regente de su Casa III, que es Géminis, el área de la comunicación y los procesos mentales, determinaba a este niño a tener cierta dificultad para estructurar las frases que a esa edad se puedan construir, pero eso no quiere decir que el niño va a ser mudo, como creía este padre. Yo le expliqué cuál era la situación, que debía darle su tiempo, y que el niño hablaría correctamente. A la fecha el niño tiene 7 años y me cuentan que habla más que un perico. Al conocer este detalle, los padres estuvieron más tranquilos y dejaron de preocuparse. Fíjate qué interesante es la astrología cuando se la usa para estos fines.

Me he salido un poco del tema del matrimonio, pero los hijos también forman parte de este tema, y creo que esto puede estarle sucediendo a alguien que tú conozcas, o a ti mismo, y con esta información puedes dejar de preocuparte si consultas a un buen astrólogo, porque esto que acabo de contarte es una de las tantas posibilidades que se pueden presentar en una carta natal. No quiero decir que siempre sea así, ya que a veces pueden existir trastornos físicos o psicológicos que también se pueden determinar con la carta natal, y es en este caso donde el astrólogo es de gran ayuda para orientar a los padres.

Retomando el tema, los taurinos se ocupan mucho de sus hijos, pero también necesitan un espacio a solas, y talvez sea esta la razón por la cual los malcrían, consintiendo al niño con el objetivo de que no los interrumpa en algún momento determinado. Si por alguna razón los niños no le dan el espacio, los padres taurinos se encolerizan y tienden a pegarle o hablarle en un lenguaje violento, conducta que asustará al niño. Estos hechos podrían llevar a que, cuando llegue a la adolescencia, el niño pierda la confianza y buena comunicación con sus padres, lo cual no sería beneficioso, pues esta es una etapa muy difícil que requiere que el adolescente hable confiadamente con sus padres sobre los problemas propios de esa edad.

Es importante procurar corregir al niño de forma objetiva y concreta, explicándole por qué debe hacer esto o aquello sin llegar al maltrato físico o verbal. Ten esta sugerencia presente para que, de esta manera, tu vida se desarrolle con mayor tranquilidad y comodidad, así como la de tu familia, pues recogerás buenos frutos por tu dedicación y paciencia.

En la profesión

El taurino trabaja de sol a sol para proporcionarse placeres, ésa es su motivación para trabajar. Pero cuando el trabajo no satisface sus aspiraciones materiales, posiblemente se lance a la búsqueda de otro, claro que sin dejar el que tiene hasta que el otro está seguro, porque no es amigo de correr riesgos, y además, como ya señalé, es lento para tomar decisiones, se toma su tiempo, y esto se puede aplicar a cualquier circunstancia de su vida.

La estabilidad económica y la seguridad de un trabajo es algo muy importante para los Tauro, pues necesitan saber de antemano cuándo van a recibir su salario para planificar su presupuesto con anticipación. Claro está, existen muchos taurinos que trabajan en lugares que no le proporcionan mucha estabilidad económica, pero aun en estas circunstancias, van a tratar de asegurarse de manejar su dinero de manera tal que le permita sentirse seguro.

Muchos Tauros, por su paciencia y entrega al trabajo logran hacer dinero, que es su mayor motivación para trabajar. Básicamente trabajan para producir y poder llevar una vida cómoda y confortable, dos condiciones muy taurinas.

No soporta presiones ni urgencias de ningún tipo, tampoco emprende acciones que le lleven a asumir riesgos, ya que el riesgo le pone muy tenso, y cuando lo presionan se bloquea, no va ni para atrás ni adelante, como hace el toro cuando lo urgen para que se mueva con más rapidez. Pero, si le asignan tareas donde se requiera perseverancia, paciencia y economía, es muy eficaz, sobre todo, tiene muy buen olfato para los negocios.

Para el taurino los trabajos rutinarios son los mejores, pues le proporcionan seguridad, por tal razón puede ser buen contador, granjero, constructor, banquero, economista; y entre las bellas artes, puede destacarse como cantante, actor de teatro o escultor.

En la salud

Fisiológicamente, su debilidad se encuentra en el área de la garganta, el cuello, la tiroides y los oídos; puede desarrollar infección de garganta, bocio, gordura; y por ser el signo opuesto a Escorpio, se pueden ver afectados los genitales.

Venus regente de Tauro

Venus es el planeta que simboliza el amor, la belleza y los placeres. En la carta natal representa la forma en que expresamos nuestros sentimientos, la manera en que damos y recibimos afecto.

En su principio, es femenino, de ahí su magnetismo y receptividad. Nos permite expresar el afecto en una escala que se inicia con las formas más aberrantes hasta llegar a la cúspide de la elevación espiritual. El lugar de la escala donde nos encontremos en nuestra expresión afectiva estará determinado por el signo, la casa y los aspectos que reciba Venus de otros planetas en nuestra carta natal.

Otra significación de Venus es su influjo para determinar la capacidad de apreciar el arte y la belleza. También nos informa sobre la manera en que nos relacionamos con los demás; y sobre las cosas y situaciones que nos proporcionan placer, si son de tipo material o espiritual.

El signo de Géminis
(21 de mayo al 21 de junio)

El inteligente no hace alarde de su saber,
pero el necio hace gala de su estupidez.
—PROVERBIOS. 12–23.

Tercer signo del zodiaco

Representación: Los gemelos

Regente: Mercurio

Cualidad de la materia: Cálido-húmedo

Elemento: Aire

Cualidad del elemento: Mutable

Frase clave: Yo comunico

El signo de Géminis en su simbolismo está representado por los gemelos Cástor y Pólux. Según la mitología, Zeus, padre de los dioses, se enamoró de Leda, la esposa de Tíndaro, rey legendario de Esparta. Zeus tomó la forma de un cisne para seducir a Leda y de esta unión nacieron un par de gemelos que fueron Pólux y Helena. Luego, Leda tuvo otro par de gemelos con Tíndaro; Cástor y Clitemnestra. Basándonos en la mitología, el origen de Pólux es divino por ser hijo de un dios y el origen de Cástor, humano.

Estos datos mitológicos los aporto para que te ayuden en la comprensión del signo de Géminis. De esto podemos deducir que en el geminiano se manifiestan las dos naturalezas, la divina y la humana, dicho de otra forma, el espiritualismo y el materialismo, la sinceridad y la falsedad, la astucia y la candidez y todos los pares de opuestos que pueda manifestar la conducta humana.

Ahora, pasemos a ver sus características generales. Géminis es versátil y adaptable, más intelectual que emocional. Al geminiano le agrada conversar y a veces hasta discutir, pero la discusión suele ser ligera, nunca va a tener una carga emocional fuerte porque se inclina hacia el lado mental más que al emocional.

Aquellas personas que poseen un Géminis fuerte en sus cartas tienden a ser multifacéticos y pueden llegar a tener doble vida. De aquí que muchos digan que los geminianos tienen doble personalidad, lo cual es un error, pues la doble personalidad sólo existe en algunos casos sicóticos. Por lo tanto, no es acertado hacer esas afirmaciones de los geminianos. Simplemente, es su capacidad multifacética la que les permite actuar de varias formas diferentes, lo cual se relaciona casi siempre con su estado anímico.

Otra peculiaridad que podemos observar en el geminiano es su gran necesidad de comunicación y sociabilización, por lo que procura quedar bien contigo y con el vecino. Esta actitud procede de su naturaleza intelectual y su necesidad psicológica de comunicación. Recuerda que la mente no es sentimental ni emocional, el entender esto nos permite aceptarlos tal como son, y al comprender su naturaleza estaremos conscientes de que nunca se van a involucrar sentimentalmente con nadie, de esta forma podemos tener una buena relación con ellos.

Piensan y actúan rápidamente, pueden hacer dos cosas a la vez sin desorganizarse, como es hablar por teléfono, escribir y ver televisión a la vez. Esta conducta la podemos observar en nuestros hijos adolescentes, estudian y escuchan música al mismo tiempo. Este es un comportamiento geminiano aunque nuestro hijo no pertenezca a este signo.

La comunicación es para él como el agua para el pez, necesita esencialmente de ella, pero nunca profundiza en nada, cree que si se detiene en el análisis de algo va a perder la oportunidad de conocer otras cosas, y así le vemos saltando de una filosofía a otra, de un conocimiento a otro sin especializarse en nada. Esta conducta se la proporciona también su necesidad de curiosear en todo lo que alimente su actividad mental. Aclaro, no tiene que suceder igual en todas las personas con el Sol en Géminis, recuerda que hay que examinar la carta natal en su conjunto, aquí sólo expongo las características generales del signo.

El geminiano suele ser muy agradable y ligero en su trato con los demás, pero ¡ojo con esto! no pensemos que es agradable sólo con nosotros, en su naturaeza está el agradar a todos y si en su carta este geminiano presenta la parte negativa del signo, posiblemente nos llevaremos grandes decepciones, particularmente en materia de romance; aquí suele jugar "doble cabeza", y lo sabe hacer muy bien.

Tienen facilidad para los idiomas y la comunicación hablada o escrita. De ahí que podamos encontrar a muchos geminianos ligados a los medios de comunicación o como traductores y escritores, pues son actividades que les agradan especialmente, ya que les permiten desarrollar su agilidad mental.

Lo que Géminis no soporta es el aburrimiento, por tal razón siempre va a tratar de tener varios proyectos entre manos para mantenerse ocupado en cosas distintas, esto es debido a su naturaleza dual y a su energía mental. Para los Géminis es importante tener varias cosas en qué ocuparse con el objeto de cambiar de una a otra, según sea su estado anímico. Es muy beneficioso que complete lo que inicie, cosa que a veces le cuesta bastante debido a que cuando algo le toma mucho tiempo para concluirlo, se aburre y lo abandona. Le desagrada las cosas donde hay que tener paciencia y detalles. Esto se debe a una de las debilidades de Géminis, que es "la superficialidad", aunque a veces esto es una ventaja para los que trabajan en medios de comunicación, pues el saber de muchas cosas les facilita poder conversar de temas diversos con sus entrevistados.

Cualidades positivas

Géminis es muy ingenioso, adaptable, elocuente, posee capacidad para interactuar en varias actividades a la vez sin desorganizarse, expresivo y su compañía resulta alegre y agradable.

Cualidades negativas

Son dispersos, superficiales y poco veraces. Poseen poca concentración, son tramposos, no expresan afecto, faltos de continuidad en las cosas que inician, poseen doble cara y son astutos.

En el amor

En el amor se pueden distinguir dos tipos de geminianos, uno puede comunicar sus sentimientos de manera espontánea y ligera, no le es difícil hacerlo de forma agradable y sencilla; el otro, puede idear de manera astuta de cómo convencerá a la persona que le atrae para que le dé el "sí"; puede elegir un ambiente apropiado para poder expresar sus sentimientos.

Otra característica significativa en el geminiano es que necesita variedad para mantener viva la llama del amor, entonces, es importante para él o ella, que la pareja invente cosas diferentes tanto en el trato personal, como en la relación sexual, recuerda que Géminis es un signo dual y que además se aburre con la rutina, el geminiano dirá "en la variedad está el encanto". Esta puede ser la razón por la cual tienen varias relaciones a la vez. Se le acusa de ser infieles, esta infidelidad puede estar en la necesidad que tengan, ya sea ésta intelectual, sexual o espiritual.

Es importante que ellos se den cuenta que esta diversidad de relaciones le puede crear situaciones comprometedoras, por ejemplo, que se le junten dos parejas en un mismo sitio. Aunque ellos saben arreglárselas para quedar bien, muchas veces, las evidencias son tan claras que pueden quedarse sin el pito y sin la flauta, pues una mentira no se puede mantener durante mucho tiempo, además, los gemínanos siempre buscan una pareja que no es tonta, por lo que se le hará muy difícil ocultar una relación extra.

En general son alegres, disfrutan con la conquista sin involucrarse sentimentalmente ni emocionalmente, por lo cual no son demostrativos ni ardientes en la forma de expresar el amor y suelen mostrar inconstancia en los afectos, y frialdad en materia amorosa.

En resumen, Géminis es un signo dirigido hacia el intelecto, por tanto, necesita una pareja que posea un grado de comunicación intelectual elevado, que sea capaz de desarrollar unos lazos de amistad estrechos y compatibilidad sexual en la relación. Pienso que sólo así sería fiel a una pareja, aunque creo que estas tres cualidades, encontrarlas en una sola persona no es fácil.

Géminis por pertenecer al elemento aire es compatible con Libra, Acuario, Aries y Leo; y se complementa con Sagitario.

En el matrimonio

En el matrimonio a Géminis le gusta colaborar en partes iguales, pues posee un sentido de la relación muy equitativo para ambos. Para ellos la relación debe tener los mismos derechos y compartir las mismas responsabilidades, cosa que debería suceder en todas las relaciones, sería lo justo.

Cuando se presentan los problemas propios del matrimonio, sabe comunicarse con lógica y de forma adecuada dando a conocer a su pareja sus sentimientos y actitudes, o ideas sobre el problema. De la misma forma -y lo que conforma un punto fuerte de este signo- le resulta muy fácil averiguar cómo se siente la pareja, lo que le permite abordar la situación con imparcialidad, valorando los puntos de vista contrarios. Si está discutiendo algún problema con su pareja y lo dejan hablar, posiblemente al final de la discusión la pareja sentirá que no tiene la razón, aunque la tenga, pues Géminis es sumamente habilidoso con la palabra para convencer al otro de que las cosas no son como parecen ser. Si estás casado o casada con un geminiano conocerás esta faceta.

Las mujeres geminianas no se sienten bien en el matrimonio cuando tienen que asumir el papel de ama de casa solamente, se siente mejor cuando tienen un empleo fuera del hogar; y a los hombres de este signo tampoco les gustan las mujeres que sólo se dediquen al hogar. A veces en los matrimonios con geminianos se puede presentar el caso en que el hombre es el que cocina y hace la compra mientras la mujer se dedica a actividades intelectuales.

Como padres tienden a ser ambiguos en los métodos de educación de los hijos, tienden a no marcar pautas claras, y como son más intelectuales que emocionales, no le prestan mucha atención a las necesidades emocionales de los niños; también tienden a crearles confusión, debido a que no son muy precisos a la hora de orientarlos y corregirlos. Las correcciones y las orientaciones dependerán del estado anímico que tengan los padres en un momento dado.

Es importante que los padres de este signo sean consistentes en los métodos que utilicen en la educación de los hijos, para que cuando crezcan sean personas seguras de sí mismas, pues una educación con indecisiones y ambigüedades fomenta la inseguridad y como no se le refuerce su potencial, el niño crece con baja estima.

En la profesión

Dentro del ámbito laboral, al geminiano le puede atraer todo lo que tenga que ver con los medios informativos. Puede ser el periodismo, el comercio, ser conferencista y todas aquellas actividades que conlleven destreza mental. Los trabajos rutinarios y difíciles les desagradan, necesitan moverse libremente y en tareas que les permitan hacer, aprender y ver cosas nuevas que les deparen cambios, como viajar y ponerse en contacto con otras personas. También los podemos encontrar como escritores, telefonistas, productor de programas de televisión, y también en el campo de la mercadotecnia como agente vendedor de una gran empresa.

Los geminianos, cuando se interesan en las ventas son excelentes, sobre todo cuando tienen que viajar y conocer nuevos lugares y personas. Como es un signo del elemento aire, los trabajos en oficinas, donde el ambiente es muy rígido y silencioso no les agrada, más bien prefieren que sus labores se desarrollen al aire libre.

Las profesiones que le reportan mejor remuneración son aquellas donde tengan que emplear la palabra y su habilidad intelectual.

En la salud

Fisiológicamente, Géminis rige los brazos y los sistemas respiratorio y nervioso. Suelen ser tensos y nerviosos, a veces se deprimen cuando las cosas no les salen como ellos esperaban. El nerviosismo no les permite tranquilidad física ni mental, en cuyo caso deben esforzarse para calmar su cuerpo y mente, y tratar de mantener sus manos quietas cuando hablan. Necesitan aprender a comer despacio, cosa que pueden lograr a través de alguna disciplina, como es la relajación y la terapia floral del Dr. Bach, la cual les ayudaría a relajarse cuando pierden el control y se enfaden, o cuando se encuentren nerviosos.

Géminis rige también las manos y los pulmones. Las enfermedades respiratorias más frecuentes son: asma, bronquitis, estados gripales, y todos los procesos de salud relacionados con las vías respiratorias, así como también lesiones en manos y brazos. Por ser el signo opuesto a Sagitario, pueden tener molestias en las caderas y el nervio ciático.

Mercurio regente de Géminis

Mercurio posee dos regencias que son, Géminis y Virgo. Siendo el planeta del intelecto, indica cómo procesamos los pensamientos, las ideas y la comunicación. Si tomamos su regencia en Géminis, decimos que intelectualmente es vivaz, versátil, pero falto de firmeza en sus propósitos. Muy inquieto y rápido, igual que nuestros pensamientos, pues con sólo pensar que nos encontramos en un lugar, mentalmente nos desplazamos allí sin importar la distancia que nos separe. Con buenos aspectos, proporciona un intelecto brillante.

Si lo tomamos como regente de Virgo, proporciona la capacidad de analizar, de síntesis; es crítico y discriminativo. Bien aspectado, da sentido común a la hora de tomar decisiones. En la mitología se le conoce como "el mensajero de los dioses", pues mantenía la comunicación entre los dioses y los hombres.

En la carta natal, esté donde esté y sea regente de cualquier casa donde se encuentre Géminis o Virgo, según el signo y aspecto que reciba, nos estaría informando el tipo de mentalidad que posee el individuo y cómo usa su intelecto; qué tipo de lenguaje usa, y la rapidez o lentitud con que aprende y se expresa; desde luego, si es regente u ocupante de la Casa III, con más fuerza estaría afirmando lo que acabo de expresarte. Mercurio, también simboliza los transportes y el comercio.

Mercurio es el planeta que altera nuestro sistema nervioso mediante el pensamiento. Puedes darte cuenta con el ejemplo de una situación que has enfrentado en algún momento de tu vida. En mi caso personal, he actuado de diferente forma según el momento. Cuando trabajaba en una oficina del estado en el departamento de adiestramiento, me tocó un jefe que no sé por qué razón me asignaba trabajos que estaban por debajo de mi capacidad, como una forma de discriminación. Esta actitud de él generaba mucha tensión entre los dos, pues era evidente que lo hacía a propósito.

Al principio yo me sentía muy nerviosa pensando que no tenía capacidad para desempeñar la función de instructora de los cursos técnicos que se impartían a los empleados, aún siendo yo una profesional de la conducta. Este señor lograba hacerme sentir muy mal y nerviosa cada vez que me tocaba dar un curso, pues siempre le hacía una crítica a mi trabajo, pero nunca me atrevía a decirle lo que pensaba.

Así estuvimos durante unos meses. Pero un día, de repente me llegó un pensamiento que me hizo reaccionar y me dije, "mi trabajo es bueno y tengo la capacidad para desarrollarlo". Le hice una comunicación escrita donde le explicaba cómo me sentía y que exigía de él una explicación de su conducta hacia mí. Para no hacer muy larga la historia, este señor se reunió conmigo y aclaramos las cosas, me pidió excusas y me dijo que su reacción se debía a que le habían hecho un comentario negativo de mi persona, y que en realidad luego de leer mi comunicación se había dado cuenta que el comentario que le hicieron era falso.

Si te detienes a pensar, te darás cuenta que en una y otra situación fue la mente la que me llevó a reaccionar de un modo y luego de otro. Es posible que en el primer momento estuviera viviendo un tránsito negativo de Mercurio y luego, cuando pasó, mi actitud cambió. En ese período aún no conocía la astrología, si la hubiese conocido me habría ahorrado todas las tensiones que viví.

La astrología guía y orienta para mejor comprensión de nosotros mismos y de cómo podemos manejar las situaciones que se nos presentan en nuestra vida. Si logramos entender su mecanismo, podremos aprovechar cada circunstancia, por sencilla que sea, en beneficio de nuestra armonización interior, que es el estado real de nuestra alma. Así, el intelecto estaría al servicio del Yo Superior, no del ego, y de este modo encontraríamos la paz mental que tanto buscamos.

El signo de Cáncer
(22 de junio al 22 de julio)

Cuando el barco de las desdichas
y los fracasos cruce sobre el mar
de tu personalidad,
fondea profundo, sólo va de paso.
Cuando el barco de los éxitos
y de las dichas cruce sobre el mar
de tu personalidad
fondea profundo.
También va de paso.
Esto es sabiduría . . .

—LA AUTORA

Cuarto signo del zodiaco

Representación: El cangrejo

Regente: La Luna

Cualidad de la materia: Frío-húmedo

Elemento: Agua

Cualidad del elemento: Cardinal

Frase clave: Yo protejo

Cáncer es un signo del elemento agua representado por un cangrejo, animalito que nos da muchas pistas sobre el comportamiento del canceriano. El cangrejo al nacer posee un caparazón muy blando, parecido a su masa interior, luego con el tiempo este caparazón se va endureciendo hasta quedar lo suficientemente compacto para protegerlo del medio que le rodea.

De forma similar se comportan las personas de este signo. Al inicio de sus vidas están expuestas a recibir daños emocionales, debido a su sensibilidad, pero luego, a través de los años, aprenden a encubrir esta sensibilidad y se protegen con una coraza ante los ojos de los demás, aunque saben interiormente que siguen siendo tan emotivas y sensibles como cuando nacieron, pero se lo guardan para sí.

Son interiormente vulnerables, a pesar de dar la impresión de impenetrables, como el cangrejo con su caparazón. Este mecanismo de defensa les puede llevar a adquirir trastornos en las vías digestivas, sobre todo en el estómago, órgano regido por Cáncer. Si llegaras a desafiarlos, entra inmediatamente en acción su sistema psicológico de defensa, adoptarán una actitud dura, quizás hasta con un poco de agresividad, para frenar tu desafío.

El cangrejo fortalece su caparazón debido a que regularmente vive entre los arrecifes rocosos del mar, pero también entre las rocas encuentra cuevas que le permiten protegerse para que no lo aplasten. De forma similar se comportan los cancerianos; la vida les parece dura y rocosa, e igual que el cangrejo, cuando se sienten amenazados, se encuevan, mostrando una actitud de reserva ante sus semejantes.

El cangrejo también está provisto de dos muelas para atrapar a su presa, y, dicen los que saben de crustáceos, que prefiere perder sus muelas antes que soltar la presa. Esta tenacidad la expresa el canceriano con sus posesiones, cuando agarra no suelta.

El cangrejo acostumbra llevar los alimentos a su cueva, que es su hogar, lo mismo hace el canceriano. Los hombres nacidos bajo este signo son proveedores, nutrientes y paternalistas. En el caso de las mujeres, son muy maternales. Esta última característica les viene dada por el vínculo con la Luna, regente de este signo. Nuestra Luna, en su órbita diaria, nos protege como una madre a su hijo, para evitar que algunos rayos cósmicos nos afecten. De igual manera, el canceriano protege y cuida a su familia.

Cualidades positivas

Dentro de las cualidades más sobresalientes del signo de Cáncer hay que mencionar la buena memoria —yo los comparo con la memoria del elefante—, es impresionable, hogareño, posee capacidad reflexiva, para el ahorro; es perseverante en sus objetivos, protector, de buen corazón, posee también habilidad doméstica, tales como cocinar y arreglar la casa; es buen anfitrión, tiene sensibilidad ante el dolor ajeno, buen desarrollo del sentimiento patriótico; y muy protector y fiel a la familia y a los ancestros.

El canceriano es tenaz, de ahí que se aferre a todo lo que tenga un significado emocional para él (cosa o persona). Tengo algunas amistades que pertenecen a este signo y he observado que sus tesoros más preciados son los que tienen una carga emocional. También se identifican mucho con el pasado, tanto, que prácticamente no pueden desprenderse de él.

Otra cualidad del canceriano es que le gusta guardar. Esta particularidad la he observado en algunas mujeres de este signo, cuando se ponen a ordenar la cartera, donde por supuesto, conservan papeles de todo tipo, los cuales en su mayoría carecen de utilidad, en vez de botarlos, se limitan a colocarlos de nuevo en el mismo sitio. Así mismo sucede con objetos que representan sentimientos, como son cartas del primer amor, fotografías familiares de la infancia, una estampa de la primera comunión, etc.

Cualidades negativas

Las cualidades negativas se presentan cuando la Luna está en estado cósmico débil, lo que sucede cuando se encuentra ocupando los signos de Escorpio, Virgo y Capricornio, que son los signos donde la Luna se siente más incómoda; o cuando el signo de Cáncer o planetas ocupantes de este signo están mal aspectados. Entre estas cualidades podemos nombrar la pereza, el rencor, la susceptibilidad, los cambios de humor repentinos, la baja estima, el encerramiento en sí mismo, la hipersensibilidad y la incapacidad para olvidar rechazos o desaires.

Voy a compartir contigo la experiencia de una persona del signo de Cáncer, con el Ascendente en Capricornio, la Luna y Saturno en conjunción en Capricornio en la Casa XII. Esta persona, al cabo de treinta años de matrimonio, sigue recordando todos los inconvenientes que vivió en su relación de pareja.

Analicemos brevemente esta historia, ya que pudieras estar en una situación similar. Por lo pronto, esta persona sigue aferrada al pasado, lo cual le hace sufrir mucho, se nota su amargura cuando habla y es debido a que no se desprende de los recuerdos, como hace el cangrejo con su presa.

El esposo en su juventud era muy enamoradizo y esto la hizo vivir momentos muy desagradables, el regente de Casa VII (área del matrimonio) ubicado en Casa XII (área de las vicisitudes y del karma). ¿Qué la mantuvo apegada a este hombre? Ella dice que los hijos, una excusa usada por muchos seres humanos como mecanismo de defensa cuando sentimos temor de lanzarnos a lo desconocido. En las personas de este signo ese mecanismo se potencializa por la alta sensibilidad que los caracteriza. Aquí tomamos al cangrejito como analogía, el temor a ser aplastado y perder su seguridad le lleva a encuevarse y aferrarse a las rocas donde vive.

Esta persona pasó 20 años de su vida encuevada, buscando la seguridad propia y la de los hijos, aunque internamente se consumía en rencores y resentimientos, sin atreverse a reclamar sus derechos como esposa o a tomar la decisión de abandonar a ese hombre. ¿Por qué?, pues por temor a enfrentarse a la vida sin la protección de la pareja, aunque quizás le hubiese podido ir mucho mejor y los hijos hubiesen sido más sanos psicológicamente. Una madre resentida y un padre irresponsable son como una bomba atómica para la higiene mental de los hijos.

En este matrimonio ocurrió que, al cabo de 20 años de convivencia en silencio y sin armonía, el esposo enfermó y se retiró del trabajo. Es en este momento cuando ella empieza a descargar todo lo que guardó durante tanto tiempo, cuando ya no sentía la amenaza de ser aplastada, pues el esposo la necesitaba y ella sabía que no la abandonaría. Entonces, hace acopio de todo su resentimiento y lo vuelca hacia el esposo. ¿Por qué ella soportó esa situación? Por temor, nadie le obligó. Esta persona pudo haber tomado otra decisión que le proporcionara una vida diferente, pero no lo hizo.

Según su carta natal era el rol que como actor le tocaba desempeñar en el teatro de su vida. Tanto el regente de Casa I (área de la personalidad) como el de Casa VII (área del matrimonio) se encuentran ocupando la Casa XII, (área del karma). O sea, que kármicamente, o podríamos decir que por destino, estaba marcado en su carta natal vivir esta experiencia.

La persona que analizamos, aún después de haberle interpretado su carta y haberle explicado el por qué de su experiencia de matrimonio, permanece con sus resentimientos; esta es la parte donde la astrología no puede penetrar para transformar los resentimientos en amor, si el nativo no lo hace, el astrólogo ni la carta natal pueden hacerlo por él.

Por su parte, el astrólogo debe saber que existen planos de conciencia que trascienden la comprensión humana por pertenecer al nivel de maduración del alma encarnada. Particularmente, creo que esta persona es un "alma bebé", a la cual le falta mucho camino por recorrer para liberarse de todo el resentimiento que alberga en su corazón. Por tanto, hago una sugerencia al astrólogo principiante y a las personas que consulten: la astrología te muestra el camino a recorrer, pero no lo puede recorrer por ti.

En conclusión, el temor en el canceriano genera una paralización y encerramiento que le lleva a vivir una vida angustiosa y resentida, impidiéndole participar de nuevas experiencias que pueden ser muy gratificantes. Por otro lado, este temor le mantiene atado al pasado, impidiéndole crecer.

Espero que si eres Cáncer y te identificas con esta historia, aunque sea en otra faceta de tu vida (con los hijos, trabajo, amistades, etc.), reflexiones y hagas el esfuerzo por liberarte de este tipo de ataduras. Lo que ayer fue, hoy no es; vive el presente y lánzate a una experiencia nueva, y sobre todo desarrolla EL AMOR A LA HUMANIDAD, no sólo a tu círculo familiar, empieza a mirar la humanidad como tu familia universal para que trasciendas las debilidades propias del signo de Cáncer.

En el amor

En el amor es tierno, sentimental y romántico. La mujer desarrolla el instinto maternal y el hombre el instinto de protección hacia el ser amado, también tienden a ser posesivos y acaparadores de la atención del ser amado. La mujer Cáncer que le guste cocinar, suele preparar platillos sabrosos para el ser amado, lo que es una forma de expresar su amor.

A la hora de la conquista, las personas de este signo suelen ser cautelosas, no se apresuran para expresar sus sentimientos, antes que nada, estudian cuidadosamente el terreno que posiblemente van a transitar junto a la persona que les atrae, guardando cierta distancia, incluso, pueden llegar a retirarse si observan en el otro iniciativa e impaciencia para recibir el "si".

Necesita estar seguro de sus sentimientos y conocer un poco más las intenciones reales del otro antes de comprometerse en una relación de pareja. Si la otra persona es muy impulsiva, el canceriano puede emitir una respuesta defensiva, como hace el cangrejo cuando se siente perseguido, busca su cueva y se encueva. Es importante que si eres Cáncer, hagas consciencia de este comportamiento, pues puede suceder que se te pasen oportunidades que pudieran ser muy gratificantes y provechosas para tu desarrollo y evolución.

En las personas del signo de Cáncer el humor le puede cambiar de un momento a otro. Si tienes relación con alguien de este signo, prepárate para experimentar reacciones que te parecerán repentinas. A veces te podrás cuestionar ¿qué hice o qué no le gustó? No pienses que eres tú la causa del cambio de humor, esto es parte de la naturaleza del canceriano, posiblemente esta persona tenga algún contratiempo que la lleva a ese cambio de humor. Lo que debes hacer es no prestarle mucha importancia; y nunca le preguntes qué le sucede, pues si no te lo dice es que no quiere y con tus preguntas lo que harás será molestarla. Luego que se le pase la incomodidad, volverá a ser tan romántica, tierna y cariñosa como siempre y hasta te hablará del por qué su cambio de humor en aquel momento.

El canceriano tiene la inclinación a pensar que las relaciones de parejas deben durar para toda la vida, eso sería lo ideal, y más cuando se enamora. Todos los signos pensamos así, pero no siempre resulta ese idilio romántico y perdurable. Por tal razón, a ellos se les dificulta más terminar una relación, incluso aún cuando ya están convencidos de que la relación llegó a su fin, tratarán de reunirse con la ex pareja para recordar tiempos pasados. Esto a veces no es beneficioso, pues si aparece otra persona en su vida, puede interferir con la nueva relación, y crear situaciones incómodas que pudieran llevar al término de ésta.

A ti Cáncer, te favorece centrarte en el hoy y en el futuro, no en el pasado, lo pasado ya no existe, es mucho mejor crearte nuevas expectativas y abrirle los brazos a nuevas experiencias que enriquecerán tu vida.

Cáncer, por pertenecer al elemento agua, es compatible con Escorpio, Piscis, Tauro y Virgo; y se complementa con Capricornio.

En el matrimonio

Para las personas de Cáncer el matrimonio es muy importante, ya que representa el hogar y familia, dos áreas de la vida muy significativas para este signo, aunque posiblemente no se sienta mal si tiene que vivir solo.

Los cancerianos como pareja son excelentes en cuanto a la atención del hogar y la familia, pero también se ocupan mucho de su trabajo y a veces les cuesta separar una actividad de la otra, sobre todo cuando ya hay niños. Por ejemplo, la mujer Cáncer posee un fuerte instinto maternal y siempre va a querer ocuparse de los hijos. Algunas de ellas, cuando tienen el primer hijo abandonan el trabajo para dedicarse al cuidado del bebé y suelen retomar el trabajo nuevamente cuando el o los hijos ya están grandes; otras se la ingeniarán para compartir su trabajo con el cuidado de los niños.

Cuando por ciertas circunstancias no pueden brindarle todo el cuidado que creen merecer los hijos, se llenan de un sentimiento de culpa que las perturba bastante, pues su instinto maternal le estará diciendo que deben permanecer más tiempo con ellos. Este caso pudiera ser el de una madre soltera que tiene que salir a trabajar para alimentar y mantener a su hijo.

Mientras más éxitos profesionales posean y más alto sea el rango profesional, mayor será el sentimiento de culpa, ya que las exigencias son mayores cuando se asume un alto cargo laboral, donde muchas veces tendrá que trabajar tiempo extra o salir de viaje y permanecer fuera del hogar lejos de la familia durante unos días. En este último caso, tanto el hombre como la mujer, tiende a desgastarse mucho emocionalmente y a parte de que se puede enfermar, posiblemente el trabajo que realice bajo estas condiciones no sea tan eficiente como cuando aún no tenía familia. Esta es una situación muy controversial, pero eso eres tú cangrejito . . . y es el papel que escogió tu alma para evolucionar. Trata de representar lo mejor que puedas y lograrás cumplir con tu misión.

En cuanto a la relación de pareja, los cancerianos son muy sensuales y románticos, pero con las obligaciones de la familia y el hogar, muchas veces tienden a agotarse física y emocionalmente. Esto puede dar como resultado que se descuide un poco la parte sexual, pues los cancerianos son más padres que amantes. Cuando esto suceda debe estar alerta, y no permitir que su apetito sexual se socave. Es sabido que los problemas familiares y del hogar se van a presentar siempre, lo que no deben permitir es que estos problemas los envuelvan, por el contrario, traten de buscar un momento para invitar a su pareja y darse una escapadita, dejando los niños al cuidado de alguien de confianza para que se puedan ir a cenar a un buen restaurante, o ir a ver una película. Así se recargan nuevamente las pilas, se olvidan por algunas horas los problemas, que por demás no se resuelven con sólo pensar en ellos. Esta es una buena sugerencia, ponla en práctica y verás cómo la vida te cambia.

En la profesión

Las personas del signo de Cáncer ven la profesión como algo donde pueden expresar su instinto de protección. Pudiéramos ver cancerianos en cualquier profesión y siempre van a manifestar ese instinto protector en la realización de su trabajo.

Las actividades laborales que más le atraen son: la hotelería, la venta de antigüedades (son coleccionistas por naturaleza), el trabajo con niños, el oficio de "chef", nutricionista y todas las actividades que tengan que ver con el hogar; donde sea necesario economizar es muy bueno, entonces pudiera ser economista. En cualquiera de estas profesiones se ocuparán de atender bien a sus clientes, protegiéndolos y brindándoles su hospitalidad.

En relación a lo económico, son muy buenos en el ahorro, pues necesitan tener su seguridad económica resuelta cuando sean ancianos. Para Cáncer, la seguridad consiste en tener una entrada de dinero periódica de un sueldo, sin embargo consideran mucho más importante sentir que los demás aprecian el esfuerzo y el valor de su trabajo. Esto les satisface mucho, pues saben que el bienestar de los demás es el resultado de sus cuidados y esfuerzos. Les importa el dinero, pero más aún el disfrute de los demás.

Los cancerianos suelen trabajar a gusto en cualquier ambiente laboral, esto es debido a su fuerte caparazón que le sirve de protección en ambientes hostiles. Ellos se protegen dejándose llevar por las mareas altas y el oleaje que nos proporciona la vida cotidiana, igual como hace el cangrejo cuando se ve azotado por fuertes oleajes del mar. Quizás esta modalidad sea la causa de su resistencia en este tipo de ambiente.

Las profesiones que reportan mayor nivel económico a las personas de este signo son aquellas donde pueda sentirse cómodo y hacer un aporte a sus semejantes. Cualquier profesión que esté en armonía con esto les producirá satisfacción y dinero, pues las personas de Cáncer se motivan y realizan su trabajo mucho mejor cuando se dan estas condiciones, por ende, su estado anímico emitirá una energía positiva que atraerá el dinero.

Ejemplos de esto se pueden apreciar en los grandes chef, que preparan excelentes platos para que los disfruten sus clientes; o el médico que se dedica a dar lo mejor de sí a sus pacientes; o el economista que descubre un sistema para resolver los problemas económicos de su país. Así podría mencionarte un sin número de profesiones donde la entrega y el gusto por el trabajo dan sus frutos económicos.

En la salud

Fisiológicamente, las áreas más débiles son los senos y el útero en las mujeres. El estómago, en los dos sexos y todo lo que tenga que ver con la nutrición está regido por Cáncer. Por ser el signo opuesto a Capricornio, puede verse afectado por problemas de artritis y de la piel.

La Luna, regente de Cáncer

La Luna, principio femenino, en su manifestación es magnética y receptora. Ella está íntimamente relacionada con las emociones. En la carta natal expresa fluctuaciones y respuestas instintivas. Simboliza la mente subconsciente y subjetiva, la feminidad, la fecundidad, los sentimientos, la intuición, los estados de ánimos, la imaginación, la maternidad y la sumisión entre otros simbolismos. Las personas que tienen una Luna preponderante en su carta tienden a aferrarse al pasado.

La Luna está vinculada a la familia en general, pero sobre todo a la madre. También revela de qué manera los sentimientos íntimos están en armonía o desarmonía con la conducta visible. Ella indica cómo sentimos la vida y el modo de reaccionar frente a las circunstancias.

El signo de Leo
(23 de julio al 23 de agosto)

Nunca gobernarás bien a los demás,
si no empiezas por gobernarte a ti mismo.
—Tales de Mileto

Quinto signo del zodiaco

Representación: El león

Regente: El Sol

Cualidad de la materia: Cálido-seco

Elemento: Fuego

Cualidad del elemento: Fijo

Frase clave: Yo oso

En su grafía parece un espermatozoide, pero en realidad se trata de la cabeza de un león con su melena. Lo del espermatozoide puede tener relación con la Casa V, casa natural de Leo, que simboliza la creatividad y los hijos.

Sabemos que el león es el rey de la selva por su coraje, su rugido y su porte al caminar. Si observas a un león en su hábitat, te darás cuenta de la seguridad que siente en sí mismo, como si supiera que no existe otro animal capaz de enfrentarlo, y pensara que por su fortaleza los demás animales deben rendirse ante él. De forma similar se comportan los leoninos, tienen porte de reyes, y a veces podemos descubrirlos fácilmente por su abundante melena y su caminar erguido, con cierta altivez y prestancia.

Otra observación es que siempre están arreglándose la ropa a nivel de la cintura. Esto es debido a que el león es ancho de pecho y estrecho de flancos. La persona de este signo generalmente posee caderas estrechas y espalda ancha, tal vez por esa razón sienten que se le van a caer los pantalones o la falda, entonces se ajustan. Estos son algunos de los secretos que te permiten saber cuándo te encuentras delante de un Leo.

De la misma forma que Aries es impulsivo en la acción, Leo es osado, con esta osadía busca lucir su capacidad de mando y la seguridad en sí mismo, pues por naturaleza es un líder. Casi siempre demuestra tener aplomo y habilidad para imponerse sin agresividad, a diferencia de Aries, que muestra su agresividad sin reflexionar mucho.

El leonino regularmente tiene buen corazón, es entusiasta y noble, difícilmente verás a un leonino abusar de los más débiles. Esto te lo digo por experiencia propia, ya que tengo a Leo relevante en mi carta. Cuando tengo que llamar la atención a alguien y esta persona se disculpa, o adopta una postura de aceptación del error, me desarma y ya no sé qué decirle. Pero cuando se da el caso contrario, es conveniente que te alejes de él, porque estarás delante de una fiera que luchará hasta morir si fuese necesario para defender su territorio, igual como hace el león con su manada. Este comportamiento puede manifestarse con la familia o con su vida privada. Estas son dos áreas de la vida del leonino en las cuales no permite intromisión, a menos que te dé el permiso.

La osadía prevalece en la juventud, ya que en la madurez y en la vejez esta actitud decrece. Pienso que es debido a que un rey maduro se siente obligado a actuar con dignidad y sosiego. Con el tiempo se van perdiendo las fuerzas para luchar con los más jóvenes, es como si el león supiera que va a perder el pleito, lo que arruinaría su dignidad y su rango de nobleza. A mí me está sucediendo ahora, ya no siento deseos de pelear con nadie y cuando joven no me temblaba el pulso para pelear con cualquiera. Si eres Leo y estás más cerca de los 90 que de los 20 años, analízate para ver si te ocurre lo mismo.

Cualidades positivas

El leonino es un buen organizador y muy creativo en los proyectos que realiza. Le agradan las cosas "a lo grande", no le interesan los detalles, es tolerante —sobre todo en la edad madura— y muy franco. Le gustan los placeres, el lujo y el entretenimiento; por ello, le interesa tener dinero, pero el dinero para el leonino no es un fin, sino un medio para lograr lo que quiere. Tiene además capacidades histriónicas que le permiten dramatizar con los sentimientos las acciones que realiza, es muy fácil para él adoptar un rol de acuerdo a las circunstancias y no lo hace con premeditación, sino que le surge espontáneamente. Intelectualmente, Leo es convincente, recto y honesto consigo mismo.

Cualidades negativas

El leonino en su parte negativa es dominante, autocrático, orgulloso, pedante, déspota, donjuanesco, arrogante, egocéntrico, dogmático, fijo en sus opiniones, ostentoso y puede llegar a ser cruel en situaciones donde quiera imponer su voluntad. Estas cualidades se manifiestan cuando el Sol recibe aspectos negativos, sobre todo de Marte o Plutón.

En el amor

En el amor tiene sentimientos fuertes y sinceros, es bondadoso y demostrativo con los seres que ama. Lo que no perdona es la traición en ninguna de sus formas, le gusta que su pareja lo tome en cuenta y lo halague, necesita sentirse amado e importante en la relación.

En la conquista amorosa Leo posee impulsos fuertes y es muy osado al expresar sus sentimientos. Siempre trata de impresionar con halagos, en este sentido es muy generoso haciendo regalos, a veces, si las condiciones se lo permiten, regala joyas y cualquier tipo de cosas de valor, esto se manifiesta más bien en los hombres, pues las mujeres cuando se enamoran lo que hacen es, arreglarse más y tratar de presentarse bien atractivas a su galán.

Tanto las mujeres como los hombres tienden a ser veraces y honestos en la relación, pero ¡ojo!, ellos esperan lo mismo de sus parejas, no hay cosa que desilusione más a un leonino que verse engañado, o que te descubra en una mentira. Esto lo perciben como una humillación y el respeto que tenía por ti se pierde, aunque la relación continúe, no será lo mismo y con el tiempo, la relación termina.

A Leo le gusta exhibirse con su pareja, por eso siempre va a desear una pareja que sea elegante y que vista bien, de ahí que cuando te invite a salir te llevará a lugares que frecuentan sus amistades. Si tienes una relación con un Leo, nunca se te ocurra hacerle una crítica delante de otra persona, esto es algo que lo hiere en su orgullo y posiblemente no te lo perdonará.

Sexualmente son muy demostrativos y cálidos. Para los leoninos hacer el amor es la forma más sublime de expresar su amor. Son muy susceptibles con los rechazos. Al igual que Aries, Leo es un signo de fuego y como tal, es apasionado y le gusta sentirse correspondido y halagado sexualmente.

Leo, por pertenecer al elemento fuego, es compatible con Aries, Sagitario, Géminis y Libra; y se complementa con Acuario.

En el matrimonio

La celebración del matrimonio siempre será a lo grande, eso es Leo, por tal razón esperará a tener unos ahorros suficientes para celebrar su boda como le gusta, con muchos bocadillos finos, un gran bizcocho y champaña. Luego de la boda y la luna de miel, viene la convivencia, y aquí Leo tiende a ser dominante y mandón. Si eres Leo y te identificas con estas dos palabras, sería bueno que te cuestionaras y te colocaras en el lugar de la pareja, pues muchas veces se hace difícil la convivencia con un Leo, precisamente porque ellos sienten que deben ser atendidos como reyes y creerse que deben ser los primeros.

Esta conducta nos es buena ni mala, es simplemente un comportamiento característico de los Leo, pero cuando este comportamiento se lleva a los extremos, la otra persona se siente agredida y puede reaccionar de manera airada, lo que traería como consecuencia una disputa entre ambos. Si eres Leo, cuestiónate, y si descubres esta actitud en ti, trata de estar alerta para cuando sientas la necesidad de imponerte y dar órdenes. Recuerda que tu pareja es tu compañera, con la que te has comprometido para compartir, no para dominarla.

Pero Leo no sólo es mandón, también tiene muchas cosas buenas. Por ejemplo, los leoninos siempre se ocupan de sus parejas, las cuidan y las defienden de cualquier eventualidad que se presente, además si la pareja tiene algún proyecto, Leo le brindará su apoyo y le animará a seguir adelante.

Para que haya un buen equilibrio en el matrimonio, si tu pareja es Leo, trata siempre de resaltar cualquier cosa que haga en la casa, como cocinar una buena comida, o lavar y encerar tu carro. Hazle saber que lo que hizo es lo máximo y dale una demostración de tu amor con un beso y un abrazo y verás lo bien que se siente.

Como padres los leoninos son estupendos. Las personas de Leo saben muy bien lo que es ser niño, por tal razón tratan a sus hijos con respeto, no importa lo pequeño que sea el niño. Esto se debe a que los leoninos regularmente mantienen un recuerdo de cuando ellos eran pequeños y este recuerdo, los lleva a situar a los hijos en ese contexto, aunque ejercen cierto dominio sobre sus hijos, pero cualquier corrección la hacen con el mismo respeto que lo haría con una persona adulta. Esta actitud lleva a que los hijos sientan que sus padres los aman, por lo que la comunicación es efectiva y más provechosa.

Otra cosa que favorece mucho en la educación es que los padres leoninos comparten muchas cosas con sus hijos, como son, juegos y actividades al aire libre. Pero también algunos padres Leo tienen la tendencia a querer que sus hijos sean una extensión de ellos. Si te identificas con esta predisposición, ¡ojo! con esto, pues como buen padre o madre, debes respetar la vocación de tus hijos. Quizás, si eres médico quieras que tu hijo sea médico también, y talvez tu hijo quiera ser pelotero o mecánico, entonces, imponerle una carrera con la que él no está de acuerdo sería desastroso. Es mucho mejor alentarlo para que siga su vocación, pues en eso será bueno, mientras que si lo obligas a estudiar algo que no le guste, posiblemente no lo termine o sea un mediocre. Piensa en esta sugerencia que te hago y al final te sentirás orgulloso de ser padre.

En la profesión

En cuanto a las actividades laborales, se siente mejor dirigiendo que siendo dirigido. Pero puede trabajar en cualquier área donde sea independiente y despliegue su capacidad de mando. Un leonino podría ser un eficiente administrador de empresa, presidente de una compañía o de un país. Como inspector, por su cualidad de honestidad, llevaría las tareas apegadas a las normas de la institución a la que sirva. Y a propósito de servicio, no le agrada mucho servir, más bien prefiere que le sirvan, esto debe ser por lo de rey de la selva, pero si decide atenderte, puedes estar seguro que lo hará con amor y desinterés. Como actores o joyeros suelen destacarse también.

Pero en cualquier profesión, hagan lo que hagan, para ellos es importante sobresalir y ser tomados en cuenta.

El leonino no se siente bien cuando trabaja en actividades donde no pueda lucir sus destrezas creativas o actividades donde pase desapercibido. Leo se nutre de la valoración y apreciación de los demás, mientras más se le valora, más dará de sí mismo. Este rasgo le lleva muchas veces a escalar a puestos elevados, pues en su trabajo siempre buscará la forma de hacer las cosas bien hechas. Lo que los leoninos no soportan son los jefes caprichosos o necios, que necesitan adulación, este tipo de persona crea una reacción de rebeldía en el leonino y posiblemente, abandone el trabajo. Si por el contrario se encuentra bajo la supervisión de alguien que le produce admiración, Leo trabajará al máximo, y dedicará tiempo extra sin que se lo exija para sacar adelante la empresa para la que trabaje, cualquier cosa que tenga que hacer la hará bien y a fondo.

En la salud

Fisiológicamente, las áreas débiles están centradas en el pecho. Leo rige el corazón que es el órgano que mantiene la vida y cuando deja de latir, morimos. La espalda es un área frágil, es frecuente ver a las personas de este signo quejarse de dolores en la espalda, quizás debido a que siempre caminan muy erguidos y esto puede causarle tensión en esa zona del cuerpo. Por asociación refleja con el signo de Acuario, pueden contraer problemas circulatorios. Las enfermedades cardíacas como arritmia, hipertensión e hipotensión, infartos, etc., tienen que ver con el signo de Leo.

El Sol, regente de Leo

Los arquetipos se manifiestan en el universo sin que nada escape a su influencia. Esto lo comprendió muy bien el fundador de la Escuela Hermética, Hermes Trismegisto, cuando dijo: "como es arriba es abajo y como abajo es arriba". El arquetipo solar se manifiesta en el hombre como el padre y dador de la vida al hijo para que crezca y se desarrolle. Todos sabemos que la vida en el planeta la proporciona el Sol, sin él toda vida moriría, incluso el planeta mismo.

El Sol, principio masculino, es eléctrico y emisor. Simboliza al padre, la vitalidad, la energía que irradia el individuo, la autoridad y el poder que poseemos. Representa la vida que iniciamos con el nacimiento, está vinculado a la parte consciente de nosotros. Denota ambición y habilidad creativa. La posición por signo y casa donde se encuentre el Sol en la carta natal expresa al verdadero yo subyacente en la personalidad, o sea, es la parte de nosotros que necesita ser expresada en el mundo externo a través de un trabajo, alguna actividad creativa o en las relaciones sociales. Esta casa es un área de la vida muy importante, posiblemente sea el área donde pongamos más empeño en lograr los objetivos que ella signifique.

El signo de Virgo
(24 de agosto al 22 de septiembre)

El poder no se adquiere dominando a nuestros semejantes,
sino sirviéndole a la vida.

—La autora

Sexto signo del zodiaco

Representación: Una virgen

Regente: Mercurio

Cualidad de la materia: Frío-seco

Elemento: Tierra

Cualidad del elemento: Mutable

Frase clave: Yo analizo

La persona con un Virgo fuerte en su carta se inclina al análisis de todas las informaciones que le llegan, las tamiza escogiendo aquellas que le sirven y desechando las demás.

La simbología de Virgo es una virgen con una espiga de trigo en sus manos. De esto se deduce la conexión que tiene con la cosecha y con el trabajo para producirla.

Virgo es el signo del servicio, esa cualidad nos revela que los virgonianos se desempeñan muy bien como eficientes asistentes de personas que se encuentran en cargos elevados. Con su eficiencia son buenos colaboradores para realizar labores, tales como escribir discursos, organizar reuniones y contactar citas para aquellas personas a las que sirven. Esta eficiencia se manifestará cuando el signo de Virgo se encuentre bien aspectado en la carta natal, de lo contrario, serán personas desorganizadas y poco eficientes.

Recuerda que para afirmar si una persona expresa la parte positiva o negativa del signo, hay que tomar en cuenta varios factores que a veces no están relacionados con el signo solar. Esto me recuerda el caso de Pamela, ella es secretaria ejecutiva de profesión. El día que vino por primera vez a consultar, me llevé una sorpresa al interpretar su Casa VI en Virgo (área del lugar de trabajo), pues me concentré en la configuración del Sol en Virgo en la Casa VI, recibiendo un trígono de Saturno en Capricornio desde su Casa X (área de la proyección profesional). Este aspecto me hizo pensar que era una persona muy metódica, ordenada y eficiente en su trabajo y así se lo dije. Ella se echó a reír y me dijo que era todo lo contrario, que siempre tenia problemas en sus trabajos (esta era una de las causas por la que vino a la consulta), quería saber por qué tenía tantas dificultades en su ambiente laboral.

Al principio pensé que ella se había equivocado al suministrarme su hora de nacimiento, pues con este aspecto era imposible que fuera desorganizada, ella me insistió en que su hora estaba correcta, entonces me detuve para analizar la carta detenidamente y buscar otros factores que pudieran estar negando lo que el aspecto Sol-Saturno anunciaba. Entonces busqué a Mercurio, que es el regente de la Casa VI, cuyo signo es Virgo, casa donde se encuentra el Sol; y observé que Mercurio ocupaba la Casa VII (área del matrimonio y de las asociaciones, pero como se trata de trabajo, no de matrimonio, tomo la simbología de asociación) en el signo de Libra, recibiendo una conjunción de Neptuno y una cuadratura de Marte en Cáncer. Estos aspectos de Mercurio debilitan la configuración Sol-Saturno, dando como resultado que Pamela, a pesar del trígono, no es tan eficiente y organizada como en un principio pensé.

La conjunción Mercurio-Neptuno significa que Pamela en sus procesos mentales se perturba fácilmente y sus ideas son confusas, llevándola muchas veces a cometer errores en su trabajo. Esto se manifiesta en su área laboral por ser Mercurio regente de Virgo, y la cuadratura de Marte-Mercurio estaría reforzando aún más esta característica por ser Marte regente de su Ascendente Aries, que representa su personalidad.

Cualidades positivas

Las personas de este signo con cualidades positivas tienden a ser eficientes, críticas, discriminativas, prácticas, evalúan la vida en función de los hechos y la lógica. Muy detallistas, y sobre todo, muy preocupados por la limpieza y la higiene.

Su capacidad de análisis los lleva inconscientemente a desmenuzar primero y luego a separar las cosas que les sirven de las que no les sirven, o sea, logrando que la esencia de las mismas forme parte de ellos en el sentido de la perfección. Esta función de separar y seleccionar la realizan los intestinos, que están regidos por el signo de Virgo.

Por otro lado, el perfeccionismo de Virgo es lo que los hace críticos, aunque no todos buscan la perfección en sí mismos, pero sí en los demás y en el entorno que les rodea. Tengo una amiga cuyo esposo pertenece a este signo y ella cuenta que a veces la saca de sus casillas, pues desde que regresa del trabajo comienza a pasar las manos por los muebles y si encuentra algo fuera de lugar, no duda en criticar. En esta conducta podemos ver que existe una patología neurótica, pero te menciono este ejemplo como una manera de resaltar la higiene y el orden que precisan las personas de este signo.

Suelen ser personas silenciosas, metódicas, precisas y habilidosas, sobre todo con las manos. He comprobado que algunas personas de este signo poseen nudillos pronunciados y dedos finos y largos. Esta es una peculiaridad que puede servirte para descubrir a un Virgo. Aprender a observar es muy importante para descubrir estos rasgos. También pueden ser muy buenas cuando se dedican a las actividades manuales, pues saben tener paciencia y cuidado para realizar su trabajo, en especial con los objetos pequeños y donde se requiera del detalle.

Cualidades negativas

Las debilidades de este signo son: mal genio, escepticismo, siempre dudan de todo lo que se les dice. Son además quisquillosos, fastidiosos, hipocondríacos, sin escrúpulos, no poseen muchos sentimientos hacia sus semejantes y emocionalmente no se involucran con nadie.

En el amor

Suelen ser serviciales y convencionales, también como son perfeccionistas siempre están marcándoles las debilidades a su pareja con la única intención de hacerlos perfectos. No manifiestan abiertamente sus sentimientos y emociones, por lo que pueden dar la impresión de ser desapegados. Esto se debe a que Virgo es un signo modesto, y esa modestia lo lleva a ser retraído a la hora de enamorarse y expresar sus sentimientos. Las personas de Virgo regularmente se subestiman y piensan que si expresan sus sentimientos abiertamente, el otro lo va a rechazar y no lo va a tomar en cuenta, por lo que antes de abrir su corazón debe sentirse seguro de ser aceptado.

Yo pienso que la mayor seguridad la logra cuando es el otro quien toma la decisión de expresar sus sentimientos, y aun así, a veces puede pensar que le están tomando el pelo y en vez de averiguarlo por sí mismo, lo que hace es apartarse de la persona, actitud que le impediría tener una posible relación gratificante. Si eres Virgo y notas que este comportamiento se repite frecuentemente, debes buscar ayuda profesional, pues es posible que lo que te lleva a reaccionar así tenga un componente psicológico, adquirido en la infancia.

Existen preguntas que te puedes hacer y que te ayudarían a identificar la razón de tu baja estima en relación al amor. Por ejemplo, preguntarte ¿me asusta la posibilidad de intimar con alguien a nivel sexual? Hay muchas personas que le tienen miedo al sexo, muchas veces debido a una experiencia desagradable en los primeros años de vida, o que en el hogar le inculcaron cosas erróneas sobre el sexo. Otra pregunta que te puedes hacer es ¿sientes aprensión por pensar que tu pareja piense que en sus relaciones anteriores las personas eran más atractivas que tú? Como estas preguntas, te puedes hacer muchas más, pero lo importante es que busques ayuda si tienes dificultad para relacionarte íntimamente con otra persona.

Si la persona Virgo no posee este comportamiento de baja estima, no va a tener dificultad en relacionarse ni expresar con palabras y actos amorosos sus sentimientos, aunque siempre va a necesitar a alguien que le diga de vez en cuando cuánto le ama. Esta afirmación es muy importante para ellos, y bajo estas condiciones suelen ser muy serviciales y atentos con el ser amado e incluso con los amigos y la familia de la pareja.

Hay un comportamiento muy peculiar en las personas que tienen a Venus en Virgo. Como sabrás, Venus es el planeta del amor, y en el signo de Virgo se encuentra en detrimento, esto hace que la expresión afectiva de estas personas sea limitada. Como Virgo es un signo que pertenece al elemento tierra, la tierra es seca y fría en su cualidad, por tanto esta cualidad, se manifiesta con la posición de Venus en Virgo donde el afecto se expresa con cosas concretas, como es, prepararle a la pareja una comida que le gusta, hacerle un regalo, de algo que la pareja ha expresado que desea, etc. En definitiva, Virgo expresa el amor con cosas concretas y con el servicio a la persona amada.

Un detalle que no quiero dejar de mencionar es que, si una mujer Virgo percibe u observa una conducta diferente a la habitual en la pareja, va a interpretar esto como desapego, y va a pensar que ya no es de interés o que es poco atractiva a los ojos de él. Su reacción será el enfriamiento, se volverá retraída al expresar sus sentimientos y empezará a analizar con detalles todos los actos de la pareja y cómo dice las cosas. Esto crea mucha angustia en la persona Virgo, pues casi siempre tiene razón; y lo que está sintiendo no es más que el final de la relación por parte de la pareja; sabe que la relación va a terminar, pero no dice nada y se queda esperando que sea la pareja la que tome la decisión, así estará segura de confirmar sus sospechas.

Por último, las personas Virgo son muy eficientes en la atención a sus parejas, y sobre todo en la higiene y en la limpieza, tanto en su persona como en las relaciones íntimas son dos cualidades que caracterizan plenamente al signo de Virgo, por lo que la pareja se sentirá muy bien atendida y con la seguridad de que todo lo que venga de su pareja estará realizado con pulcritud y esmero.

Virgo, por pertenecer al elemento tierra, es compatible con Capricornio, Tauro, Cáncer y Escorpio y se complementa con Piscis.

En el matrimonio

Cuando se decide a formar una relación permanente, es porque se siente seguro, entonces puede que sienta un poco de curiosidad y aprensión por las expectativas futuras, pensará en cómo será la vida de matrimonio y espera que sea algo gratificante.

Es muy importante que permita que ese sentimiento de seguridad crezca cada día, pues si le acosan las inseguridades, va a estar continuamente en tensión, actitud que no es nada favorable en una relación de matrimonio. El marido Virgo posee la propensión a trabajar más de lo debido, pues asume que tiene que hacer mucho dinero para mantener a su familia en una buena posición en cuanto a proveerla de todo lo que se necesita en un hogar. Esto puede llevarlo a descuidar la parte afectiva y la esposa sentir que la están descuidando, ¡cuidado con esto Virgo!, pues cuando vienes a darte cuenta, la relación puede volverse muy fría y terminar en divorcio.

Otra condición que se puede presentar con el esposo Virgo es que en su afán de perfeccionismo y limpieza se vuelva sumamente crítico y exigente con la esposa. Recuerda el caso que te conté sobre mi amiga que estaba casada con un Virgo. Esto también es desastroso para la relación, pues estarás malhumorado y harás que la esposa se estrese al realizar las tareas del hogar, lo que no es bueno, ya que a la larga las tareas se volverían fastidiosas y se crearía una atmósfera de tensión que no le hace bien ni a él, ni a ella. Si eres Virgo y estás casado, analiza este párrafo y toma la decisión de modificar y flexibilizar tu perfeccionismo y verás cómo la relación se hace más agradable.

En el caso de la mujer Virgo, sucede algo parecido, pero aquí, el afán de limpieza y orden hace que sea el esposo quien se sienta estresado, pues escuchará a la esposa decir, "no dejes los zapatos mal puestos, o ¿por qué no pusiste la ropa sucia en el canasto?" Frases como esas estarán a la orden del día, lo que puede crear muchos conflictos a la hora de mantener una relación armoniosa. Los virgonianos casados deben recordar que lo que para ellos es un asunto enormemente importante, talvez para su pareja no lo sea, el poder comprender esto le hace la vida matrimonial más agradable.

Como padres, los Virgos estimulan mucho a los hijos a desarrollar sus habilidades, pero debo repetir que la tendencia de la crítica y el perfeccionismo de Virgo pueden hacerle mucho daño al niño. Por ejemplo, los padres Virgo quieren que sus hijos sean la excelencia en la escuela; y puede ser que los hijos saquen muy buenas notas, pero si se ensucia el uniforme o se le cae un libro en un charco de agua sucia, esto lleva a una recriminación que para el niño es incomprensible, pues son cosas que le pueden pasar a cualquiera. Traten de que sus críticas sean constructivas y ellos la aceptarán como una forma del amor que ustedes le tienen.

Otra modalidad de los padres Virgo es que cuando los hijos son pequeños son muy amorosos y cariñosos, pero luego que crecen se vuelven distantes y fríos. Analízate, y si te comportas así, haz un esfuerzo y mantén tus expresiones afectivas para que tus hijos crezcan con una alta estima y sean capaces de dar amor y cariño, tanto a ustedes como a su pareja cuando la tenga.

En la profesión

Las actividades laborales que más les agradan son aquéllas donde pueda desarrollar su capacidad de practicidad y minuciosidad, donde se destaquen sus habilidades analíticas y discriminativas. Las personas de Virgo, al igual que otras personas de diferentes signos, pueden trabajar en cualquier profesión, pero es evidente que para Virgo hay profesiones que se adecuan más a ellos.

Por ejemplo, una persona del signo de Virgo se aburriría siendo empleado de una tienda de venta de cuadros, donde regularmente van pocos clientes. Para esta persona, estar mucho tiempo sin hacer más nada que esperar que llegue un cliente sería perder el tiempo, aunque lo podría emplear en despolvar los cuadros o en leer un libro, pero esto último le crearía cierta inquietud, ya que lo vería como utilizar su tiempo de trabajo para hacer algo que no tiene nada que ver con el mismo.

Las personas de este signo se sienten mucho mejor cuando están realizando un trabajo que requiera de todo su tiempo y de su energía. Se siente muy bien en trabajos donde son asistentes personales de alguien que tiene muchas actividades que ellos tienen que coordinar. A un Virgo en una posición así no le molesta que lo llamen para trabajar en un día feriado porque se necesite un trabajo para las primeras horas del día siguiente, esto lo realizará con mucho gusto. Lo mismo sucede si tienen que trabajar tiempo extra, y son muy fieles a la persona para la cual trabajan, cumpliendo al pie de la letra lo que la persona le pida.

En la realización de su trabajo son pulcros y minuciosos. Esto hace que sus empleadores valoren mucho su labor, por lo que, cuando trabajan para una persona que tiene un cargo elevado, como presidente de una empresa o presidente de un país, serán bien remunerados. Aunque el dinero es importante para ellos, pero por ser Virgo el signo de la humildad, nunca van a hacer alarde de sus recursos económicos, más bien podríamos decir que ellos no necesitan mucho para vivir y posiblemente, cuando lleguen al tiempo de jubilarse, tendrán una buena economía para pasar una vejez tranquila y sin apuros económicos.

Otras de las profesiones compatibles con el signo de Virgo es la artesanía, cuando se dedican a ella pueden ser muy buenos, también destacados psicólogos y químicos. Y por su tendencia al naturismo pudiéramos encontrarlos dentro de la medicina alternativa como homeópatas, quiroprácticos, acupuntores o terapistas florales (Esencias Florales del Dr. Bach).

En la salud
Fisiológicamente, Virgo rige la región del abdomen, los intestinos, el bazo y el sistema nervioso central. Las enfermedades más frecuentes suelen ser la gastroenteritis, el estreñimiento, la úlcera duodenal, la diverticulitis y todas las enfermedades del bazo y el sistema nervioso central. Por ser Piscis su signo opuesto, las personas de Virgo pueden tener problemas en los pies: callosidades, uñas encamadas y otras lesiones o molestias en esta área del cuerpo.

Mercurio, regente de Virgo
En el signo de Géminis explico ampliamente la simbología de Mercurio, por lo que pienso que no es necesario repetir lo mismo aquí. Sólo vamos a resaltar algunas características importantes. En este signo, por ser el planeta

del intelecto, se manifiesta analítico, eficiente y con mucho sentido común a la hora de tomar decisiones, con capacidad para los detalles y para la organización, muy metódico en sus acciones, siendo esta disposición la que le brinda los mayores éxitos para alcanzar los objetivos que se proponga.

El signo de Libra
(23 de septiembre al 23 de octubre)

Los recursos que pedimos al cielo,
se hallan muchas veces en nuestras manos.
—William Shakespeare

Séptimo signo del zodiaco

Representación: La balanza

Regente: Venus

Cualidad de la materia: Cálido-húmedo

Elemento: Aire

Cualidad del elemento: Cardinal

Frase clave: Yo armonizo

El signo de Libra es el único que está representado por un objeto: la balanza. El librano siempre trata internamente de equilibrar su balanza colocándose frente a las alternativas que le presenta la vida y la sopesa con su criterio de justicia; pero si no posee planetas como Saturno en buen estado cósmico, que le proporciona equidad, frecuentemente se desbalancea. Hago esta aclaración porque a menudo he escuchado decir que los libranos son equilibrados, a veces no es así. El librano siempre busca el equilibrio, pero no siempre lo logra, ya que vive evaluando todo lo que llega a su campo perceptual. En tal caso a la hora de tomar una decisión se puede volver indeciso, sin saber cuál alternativa tomar, pues por su capacidad evaluativa puede ver las dos caras de la misma moneda en cualquier situación.

Por su necesidad de equilibrio busca la aprobación de los demás como una forma de asegurarse de que está en balance. Posiblemente sea el signo más necesitado de sociabilidad y de compartir con los demás. La balanza para ser balanza, necesita dos platillos, uno frente al otro, por tal motivo el librano necesita siempre la relación con los demás para sentirse en armonía. Recuerda que Libra es un signo del elemento aire y como tal, necesita de la interacción con otros para transmitir sus ideas y comprobar si éstas son adecuadas, lo que ellos interpretan como estar en balance. No es por azar que las características de cada signo las expresamos en nuestro comportamiento, son los arquetipos cósmicos que toman forma para manifestarse en los seres humanos.

El Sol representa el poder, la autoridad y la vitalidad, pero su fuerza mengua estando en Libra, que es el signo donde el Sol se siente más débil. Para que tengas una idea clara de cómo se canaliza esta energía, vamos a suponer que los signos zodiacales son cristales de diferentes matices, comenzando con el más transparente y terminando con el más opaco. Todos los planetas tienen signos donde se sienten muy cómodos para irradiar sus energías.

En el caso del Sol, los signos que le facilitan irradiar su mayor potencia son Aries y Leo; y los que le impiden expresar esta potencialidad son Libra y Acuario. En cuanto a Libra, el Sol emite su energía a través del cristal más opaco y la cualidad que aporta es muy pobre, la energía del Sol en Libra se puede comparar a un día muy nublado. No deseo expresar con esto que los libranos no alcancen éxitos en la vida, lo que sucede es que en cuanto a los atributos del Sol, como son la autoridad, el poder y la vitalidad, la persona tiene ciertas limitaciones para expresarlos; por ello el librano necesita de la aprobación de los demás para manifestar dichos atributos. Sin esta aprobación es incapaz de hacerlo.

El librano siempre está tratando de unir cosas o personas, colocándolas una frente a otra y pesándolas en su balanza mental, pues tiene el sentido de la justicia muy desarrollado. Si quieres verlo molesto, sólo tienes que cometer una injusticia delante de él. Esta predisposición los inclina a la abogacía o a la defensa de causas sociales, es común escuchar de sus labios la frase "eso no es justo".

Cualidades positivas

Generalmente son muy amables, simpáticos, comunicativos, amantes de la tranquilidad y la armonía. Lo que más les desagrada son los ambientes conflictivos y hostiles, pues no saben cómo comportarse ante un conflicto, por lo que procuran llevarse bien con todo el mundo y tratan por todos los medios de conciliar las partes opuestas para lograr la paz y la armonía que tanto necesitan. Esta necesidad los lleva a desarrollar la capacidad de diplomacia que los caracteriza.

El librano es idealista y afable, tiene sentido artístico, sobre todo para la música. No le gusta vivir en soledad, siempre busca la compañía de otras personas. Tiene mucha agudeza en la observación, en la percepción y en la comparación. Por pertenecer al elemento aire tiene preferencia por las actividades intelectuales, de ahí su capacidad de observación y comparación.

Para algunos autores en materia de astrología, el librano posee un espíritu sereno y no opone resistencia a los reveses de la fortuna, sino que con mayor ahínco y tesón se dedica a reconstruir su destino una vez que la suerte le volvió la espalda. Sobre este particular puedo decirte que lo he observado en alguien cercano a mí. Esta persona es Ascendente Libra y signo solar Sagitario, en dos ocasiones le he visto al borde de la quiebra en su negocio, recuperándose de nuevo al cabo de poco tiempo.

En esta persona el ahínco y el tesón se ven reforzados por el optimismo que le proporciona su signo solar que es Sagitario, condición que le ayuda a recuperarse rápidamente. El sagitariano suele ser muy optimista y entusiasta. En este caso, las cualidades de Sagitario se manifiestan en su personalidad, porque siendo Venus regente de su Ascendente que es Libra, se encuentra en Sagitario. Si la posición de Venus en vez de Sagitario hubiese sido Capricornio, no se mostraría optimista, sino cauteloso y la recuperación sería más lenta. Observa cómo la posición de un planeta puede variar completamente la interpretación de la carta natal. El optimismo es el propulsor para que esta persona reinicie sus actividades debido a la posición de Venus en Sagitario.

Insisto, no podemos partir de los signos solares o ascendentes solamente. Por la explicación anterior puedes notar que hay una serie de factores a tomar en cuenta para afirmar cualquier predisposición en una persona.

Mentalmente, el librano es capaz de un juicio equilibrado. De pensamiento alegre y optimista, a veces le cuesta tomar una opción porque, como dije anteriormente, puede ver las dos caras de la misma moneda.

Cuando se compromete con alguien o con algo, cumple, siempre y cuando el signo esté en buen estado cósmico, porque también hay libranos que son incumplidores. Otras cualidades son: la justicia, poseen sentido de la belleza y la estética, nobleza, tiene tacto para tratar temas que son difíciles de escuchar y capacidad para asociarse.

Cualidades negativas

La indecisión es una de las cualidades negativas más relevantes en este signo, así como la indolencia y la pereza. Suele ser inconstante tanto en los afectos como en su actuar cotidiano. Hoy te puede decir sí, pero mañana te deja esperando; es muy influenciable en los momentos donde debe tomar decisiones por sí mismo e inclinado a las frivolidades de la vida.

En el amor

En el amor es idealista, elegante, sentimental, romántico y adaptable a las circunstancias que se presenten en la relación. Consciente de los defectos de la persona que ama, trata de no discutir por temor a que la balanza pierda su equilibrio y entre en conflicto. Posee un fuerte sentido del deber social y tiene necesidad de adecuarse a un modelo de vida comunitaria, donde las parejas compartan los mismos privilegios. Para el librano no existe diferencias de ningún tipo entre el hombre y la mujer, en la relación de pareja percibe al otro como compañero o compañera, sin que exista el concepto de que uno tiene más derecho que el otro.

Libra es el signo del zodíaco que tiene una mayor necesidad de relacionarse, por tal motivo necesita tener una pareja a quien brindarle su cariño y su amor. Se dice que el librano es muy enamoradizo, esto puede ser cierto, pero posiblemente esta condición se manifiesta más cuando se es joven que cuando se pasa a una edad madura, pues después de todo, la mayoría de nosotros cuando somos jóvenes podemos ser muy ingenuos, y debido a la necesidad de compañía tendemos a caer en los brazos de quien nos enamora sin pensar mucho en que una relación de pareja conlleva un compromiso que puede exigirnos cosas que, para el librano adulto, se hacen imposibles de sostener.

En su necesidad de una relación permanente —tan característica para el signo de Libra— es propenso a lanzarse al matrimonio sin la madurez necesaria para compartir su vida con otra persona. Mi sugerencia es que te asegures bien de poder adaptarte a ese compromiso antes de involucrarte en una relación, de no ser así, es conveniente esperar, y si puedes tener varias relaciones antes de asumir el matrimonio mucho mejor, pues con ello, puedes adquirir una mayor experiencia y es posible que la vida en común te resulte más satisfactoria.

Por tanto considera las primeras relaciones como escalones para llegar a la madurez sentimental, diviértete mientras puedas, sal a bailar, disfruta la vida de juventud y hazte experto o experta en el arte de las relaciones. Es verdad que éstas son muy importantes para ti, pero también es verdad que si te equivocas, puedes sufrir daños psicológicos que afectarían tu capacidad de amar. Los Libra sólo aprenden a través de sus propias experiencias, y aunque mis sugerencias puedan parecer obvias, los de más edad saben que lo que estoy diciendo es cierto.

Para disfrutar del sexo el librano prefiere un lugar cómodo, bonito, relajado y sin apuros, por tanto debes sincerarte con tu pareja y si no cuentan con mucho tiempo, hay que adecuarse al ritmo de ella cuando sea necesario. Ambos deben hacerse concesiones de vez en cuando. Cuando no tengas deseos de hacer el amor, debes ser veraz y expresarlo con mucho afecto para no herir los sentimientos de la pareja, es decir, nunca fingir un dolor de cabeza o de muelas, pues es un componente negativo para la relación y de todas formas el otro se da cuenta que le estás mintiendo.

El librano, por ser un signo de aire, busca más que sexo: compañía, colaboración y compartir la vida cotidiana con alguien que esté a su lado. Para ellos es muy importante saber que no están solos.

Libra, por pertenecer al elemento aire, es compatible con Géminis, Acuario, Leo y Sagitario; y se complementa con Aries.

En el matrimonio

Para los libranos, el matrimonio en los inicios es todo ilusión, viven un poco en su elemento, el aire. Pero luego de un tiempo, cuando la relación se consolida y se pasa de la luna de miel a la vida en común, estas personas se sienten realizadas como personas. La seguridad de una pareja permanente le proporciona estabilidad emocional. Ahora bien, esa necesidad de compañía le puede llevar a perder su individualidad, con lo que se volvería muy dependiente de la pareja y esto no es sano psicológicamente hablando.

Hay que estar alerta para no caer en esta debilidad, recuerda que individualidad es independencia, e independencia es recorrer tu propio camino sin entorpecer el camino de tu pareja. Les hago esta sugerencia, pues sé que para ustedes es muy fácil habituarse a pensar en función de la pareja y esto puede ser frustrante, tanto para la pareja como para ustedes. Por ejemplo, si eres mujer, puedes caer en la trampa de dejar de lado tus necesidades para cubrir las necesidades de tu pareja, quizás hasta llegues a renunciar a tu profesión para complacer o dedicarte más a tu marido.

En cierta forma es muy bueno tener tiempo libre para visitar las tiendas, tomar un café con una amiga, o ver la telenovela. Cuando aparecen los comunes problemas de la vida de matrimonio, posiblemente le recordarás al marido que renunciaste al trabajo para atenderlo mejor y quizás él responda que no te lo pidió. Esta respuesta dejaría un sabor muy amargo y la relación pudiera deteriorarse, por tanto es importante que cualquier cosa que hagas lo hagas porque tú deseas, no para complacer a tu pareja.

En el caso del hombre Libra sucede algo parecido, quizás renuncies a ocupar un puesto de trabajo de mayor remuneración que conlleva un traslado de país, pero como a la esposa no le agrada ese país prefiere renunciar al cargo. No es bueno hacer ciertas concesiones que van en detrimento de tu desarrollo personal, pues a la larga te sentirás muy mal, es cierto que el rechazar el cargo te dará paz en el hogar, pero te haz preguntado ¿a qué precio?, ¿vale la pena perder esta oportunidad?, piénsalo detenidamente y saca tus propias conclusiones. Con estas sugerencias trato de decirles a ambos sexos que no siempre es beneficioso tomar el camino de menor esfuerzo.

Como padres, son indecisos a la hora de dar un permiso al niño, siempre podremos escucharles decir a los hijos: pregúntenle a su papá, si es la madre y si es el padre, pues lo contrario; o eludirán el tema que el niño quiere tratar, dejándolo con la duda. Recuerden que los niños cuando preguntan es porque desean una respuesta precisa, un "sí" o un "no" es mucho más sano. Otra forma de indecisión es cuando el niño quiere ir a visitar unos amiguitos y le pide permiso al padre o a la madre Libra, oirá decir: "hablaremos de eso luego". Esto quiere decir que no, pero ¿por qué no decirle no y explicarle la causa? Recuerden que los niños necesitan saber cuáles son sus límites y si ven indecisión en sus padres les creará mucha confusión e inseguridad.

En la profesión

Las actividades laborales más apropiadas para este signo son aquéllas que se relacionan con la belleza, la cultura y el arte, como la música y la pintura, la comercialización de artículos finos y bellos (ropa, perfumes, prendas y artículos de belleza). Los libranos son excelentes candidatos donde se requiera relacionarse en forma diplomática y agradable o donde se necesite administrar justicia, y aunque pueden trabajar en cualquier área, se sienten mucho más felices en profesiones como el derecho diplomático, las relaciones públicas, la pintura, la música, la abogacía, la cosmetología y la venta de artículos relacionados con la belleza.

Su entorno laboral debe ser tranquilo y amistoso, si por alguna circunstancia tiene que trabajar en una fábrica donde existe mucho ruido de máquinas, le será muy difícil adaptarse, tanto que hasta podría enfermarse.

Ellos dan lo mejor de sí cuando trabajan en equipo, pues no les agrada trabajar solos y mucho menos en lugares donde tienen que tomar decisiones debido a la responsabilidad del cargo, prefieren compartir la responsabilidad con otros. Como supervisores son amables, considerados y comprensivos, siempre escuchan las sugerencias de sus subordinados o compañeros de trabajo, se sienten más seguros de sus decisiones cuando escuchan otras sugerencias.

En lo que se refiere al ámbito laboral, las cualidades que mejor exhibe el librano son la diplomacia y el tacto, lo que le permite un buen desempeño como embajador o director del departamento de relaciones públicas de una empresa.

Las profesiones que le producen mayor ingreso económico son aquellas que se dedican a la belleza, como son: la peluquería, la cosmetología o los negocios con artículo de lujo. Aunque también les favorecen las profesiones diplomáticas.

En la salud

Fisiológicamente, Libra rige los riñones, órgano excretor que elimina materiales de desechos. De forma similar, el librano se libera de personas o cosas que pesan mucho o muy poco en su balanza. Toda la región lumbar tiene que ver con este signo. A veces puede sufrir de dolores en la parte baja de la espalda, y por ser el signo opuesto a Aries, está predispuesto a padecer dolores de cabeza o jaqueca, los oídos pueden también ser afectados.

Venus, regente de Libra

En el signo de Libra, Venus se expresa mejor en los niveles mentales y espirituales que en el signo de Tauro que pertenece al elemento tierra. Aquí tiene la habilidad para comprender los sentimientos de los demás. Las relaciones interpersonales son muy importantes para ellos. Les atrae el baile, la música y las bellas artes, actitudes que no se manifiestan en el signo de Tauro que es la otra regencia de Venus.

En Libra, este planeta busca más la parte sublime de la vida que la parte física. El placer de Venus en Tauro es la comodidad, el confort y los placeres mundanos; mientras que en Libra el placer forma parte de sus ideales, que pueden ser intelectuales, artísticos o espirituales.

El signo de Escorpio
(24 de octubre al 22 de noviembre)

La obra humana más bella
es la de ser útil al prójimo.

—SÓFOCLES

Octavo signo del zodiaco

Representación: El escorpión y el águila

Regente: Plutón

Cualidad de la materia: Frío-húmedo

Elemento: Agua

Cualidad del elemento: Fijo

Frase clave: Yo transmuto

El signo de Escorpio posee dos simbologías; el escorpión o alacrán y el águila. Por lo pronto, el escorpión es un animalito que se encuentra en la clasificación de los arácnidos, se arrastra por el suelo y gusta de vivir en lugares oscuros. Su aguijón es bastante grande para su tamaño y lo clava cuando se siente amenazado.

Dicen que cuando este animalito no tiene comida para darle a sus crías, se deja comer por ellas. Esto no lo conozco por observación sino de oídas, pero si así fuese, constituye un acto de entrega total. En este comportamiento hay más pasión que razón, pues lo que esta madre debería hacer es salir a buscar el alimento a sus hijos, pero la naturaleza es muy sabia y en su espacio cada especie tiene su propia expresión, los humanos no podemos pensar como el alacrán.

Otro elemento característico es la capacidad de resistencia que posee este animalito, capaz de pasar un año sin ingerir alimentos y varios meses sin beber. Esto se relaciona con la gran fortaleza mental que poseen las personas de Escorpio para enfrentar los infortunios de la vida.

Lo que acabamos de explicar es el simbolismo de la parte instintiva del signo. La naturaleza superior estaría representada por el águila, ave que exhibe dos grandes y fuertes alas que le permiten elevarse a grandes alturas, por encima de las limitaciones de los de su especie. En relación al mundo de las aves, el águila equivale al león entre los animales de la selva.

Habrás escuchado decir "fulano tiene vista de águila", queriendo significar que esa persona penetra más allá de lo que se ve a simple vista y sabemos que las águilas pueden ver a su presa a gran distancia. La persona de Escorpio regularmente posee esta capacidad, son penetrantes e inquisitivas con la mirada y capaces de descubrir secretos que trascienden los sentidos físicos.

Luego de analizar estos dos simbolismos, veamos el comportamiento de las personas con un Escorpio fuerte en su carta natal. Este signo tiene sus características positivas y negativas como cualquier otro signo, lo aclaro porque he escuchado afirmaciones negativas sobre él. Es cierto que entre las características de Escorpio se encuentran la muerte, el rencor y la venganza, pero también es cierto que es el único signo capaz de levantarse desde sus cenizas, igual que el Ave Fénix. Es el signo de la resurrección y la transmutación de la naturaleza humana en naturaleza divina.

En la alquimia esto se conoce como la fórmula para encontrar la Piedra Filosofal, que no es más que la transmutación del plomo (la materia) en oro (el espíritu). Los alquimistas no se referían al oro como metal, sino al oro esencial de nuestra naturaleza divina, buscaban descubrir la fórmula para realizar a Dios en sí mismo. Muchos piensan que la Piedra Filosofal se refiere a los metales, esta era la cara exotérica de la alquimia; la otra cara es la esotérica, la que acabo de explicarte, por tal razón, cualquier persona fuera de esas instituciones ocultistas nunca pudo encontrar dicha fórmula, incluso pienso que aún muchos de los pertenecientes a estos grupos tampoco pudieron llegar a transmutar lo humano en divino, el odio en amor o el egoísmo en servicio a sus semejantes.

Quizás tú, que me lees ahora, hayas sido en vidas anteriores uno de esos alquimistas que lo intentó y no lo consiguió y ahora tienes la oportunidad de lograrlo. Inténtalo de nuevo, quizás la Era de Acuario te lo facilite. Me he desviado un poco del tema, sin embargo, ello no está de más, dado que todavía existen muchas personas que siguen creyendo que los alquimistas convertían el plomo en oro.

Continuando con la explicación de Escorpio, he escuchado que algunas personas no se atreven a confesar que pertenecen a este signo, pues las tildan de personas peligrosas, de las que hay que cuidarse. Por favor, dejemos de generalizar, porque podemos causar mucho daño sin darnos cuenta. No todas las personas con el Sol en Escorpio tienen este comportamiento.

Es bueno que sepas que hay quienes, siendo escorpianos, han contribuido con grandes aportes a la humanidad. Entre ellos, Sigmund Freud, quien era signo solar Tauro y Ascendente Escorpio, y cuya contribución en el área de la psiquiatría y la psicología fue el psicoanálisis, el cual abrió un amplio campo en la investigación científica de la psiquis y del inconsciente. Por tener el signo de Escorpio como ascendente en su carta, Freud pudo penetrar con tanta profundidad en el área del inconsciente.

El escorpión, aunque tiene un caparazón bastante blando, posee un gran aguijón, con el cual puede defenderse de cualquier ataque. Lo mismo sucede con las personas de este signo que, a pesar de su sensibilidad cuando se sienten atacadas, siempre encuentran la manera de defenderse. Unas veces lo hacen con la palabra, usando formas sarcásticas y otras con el silencio, con el que pueden controlar cualquier situación y encontrar su fortaleza. Saben callar cuando desean guardar un secreto o cuando desean manipular una situación.

Mentalmente, Escorpio es orgulloso, le gusta la polémica, tiene un fuerte poder de razonamiento; es intuitivo, escudriñador y posee gran agudeza perceptiva. Su habilidad es saber cuándo y dónde herir mortalmente si se lo propone, pero de la misma forma que puede herir hasta matar, de esa misma forma puede curar hasta reanimar a alguien que se encuentre al borde de la muerte. Existen muchos curanderos, sanadores y médicos con este signo prominente en sus cartas; la mayor fuerza se encuentra en sus manos y en su mente, la cual es muy poderosa y facilita que su energía intervenga en la curación del paciente.

Cualidades positivas

Por su naturaleza apasionada, son enérgicos e intensos en sus expresiones. Están dotados de una gran capacidad de profundización y penetración para las cosas ocultas, debido a esto les atrae investigar y descubrir secretos, tanto de la naturaleza y del más allá, como de situaciones humanas, por lo cual pueden llegar a fastidiar con sus preguntas inquisitivas. Poseen un fuerte poder de razonamiento, intuitivo, escudriñador y una gran agudeza perceptiva.

Tienen un gran poder de convicción debido a las cualidades magnéticas que poseen, lo cual se refleja en su mirada penetrante. Algunas de estas personas nos hacen sentir como si nos desnudaran con la mirada y no se dan cuenta de que provocan esta sensación en su interlocutor, pues es su forma natural y se debe a su necesidad de descubrir y llegar al fondo de todo lo que les interesa. Si llegaras a hacerle la observación de su forma de mirar y de su actuación inquisitiva, posiblemente te diga que no es su intención molestarte.

Muy sutil en la consecución de sus metas, nunca actúa de frente, siempre te bordea para lograr sus propósitos. En síntesis, podemos concluir que este signo posee el intenso fervor del místico, el autocontrol del cirujano, la agresividad del criminal y el coraje del militar.

Cualidades negativas

El escorpiano en su manifestación instintiva, que es su parte negativa, desarrolla una personalidad celosa, manipuladora y absorbente. Bajo esta condición se vuelve autodestructivo, sarcástico, cruel, vengativo, con tendencia a esclavizar a otros. Da mucho, pero también espera mucho a cambio Si es honesto consigo mismo sabrá que es cierto; le gusta que le agradezcan su entrega y sus favores. Mentalmente es orgulloso y le gusta la polémica. Es muy susceptible, recuerda que es un signo del elemento agua, y como tal se comporta, en particular, cuando se le señala una debilidad o una falta.

En el amor

En el amor se muestra apasionado, con fuerte sentimiento sexual y extremadamente celoso. Cuando ama, se desvive en atenciones con la pareja para mantenerla dependiente, buscando con esta actitud el control de la relación. En su manifestación afectiva es muy emocional e intenso, ellos dirán "todo o nada" no les gusta el término medio. Raras veces llegan a ser infieles a su pareja, pero si llegara a suceder, luego le viene un sentimiento de culpa que no los deja en paz.

Ahora bien, ellos piensan que pueden en un momento determinado buscar consuelo debido a una separación momentánea de su pareja, pero si esto sucede al revés, que es la pareja la que busca consuelo en otra persona, entonces la cosa se complica bastante, pues los celos de Escorpio son muy destructivos y cuando afloran pueden crear situaciones muy violentas. Talvez deberían pensar que lo que ustedes le pueden hacer a la pareja, también lo puede hacer su pareja, pero comprender esto para el Escorpio es casi imposible.

Sería muy beneficioso que se autoanalizara en relación al amor y al sexo, ya que es un signo sexualmente muy intenso. Pregúntate qué es lo que realmente te atrae de una persona, ¿es sólo la atracción sexual? o ¿qué otro elemento posee la persona aparte del sexual? No hay nada malo en esto, por el contrario, es muy beneficioso tener unas relaciones sexuales satisfactorias, pero tu preocupación y tus celos te podrían llevar a situaciones realmente peligrosas. Así que reflexiona un poco y acepta mi sugerencia, sobre todo cuando trates de consolidar una relación de pareja. En la vida compartida el sexo no es lo único, para ti es muy importante también tener una buena comunicación con tu pareja y compartir intereses comunes. Espero que estas sugerencias te sirvan de reflexión.

En el matrimonio

Cuando Escorpio decide formar familia no es muy diferente que en el noviazgo, siempre va a necesitar tener el control de la relación, desea una vida sexual plena, no le agrada que su pareja pierda el interés sexual, por tanto, necesita una pareja que sea capaz de dar tanto como recibe en todos los aspectos de la relación. Por ejemplo, le gustará ganar mucho dinero para poder tener las comodidades de un hogar agradable; y esperará que su pareja contribuya a lograrlo, así como a aumentar el presupuesto familiar.

Otra cosa que es importante para los escorpianos es sentir que su pareja valore cualquier esfuerzo que realice para conseguir un mejor status de vida, además, una persona que tenga mucha energía para mantenerlo entusiasmado en la consecución de sus proyectos. Por otro lado, los celos de Escorpio no se manifiestan solamente en el área sexual, también pueden surgir en lo profesional, por ejemplo, si la pareja llegara a alcanzar una posición más elevada, posiblemente los celos pueden llegar a destruir el matrimonio. Esta situación puede ser más común en el hombre, pues la mujer aunque sienta celos, posiblemente no lo exprese abiertamente y actúe con cierto sarcasmo, actitud que podría dar al traste con el matrimonio. Escorpio, cualquiera que sea la razón de tus celos, no permitas que se destruya tu matrimonio.

Como padres son muy enérgicos con los hijos, sobre todo, con los estudios, se ocupan de que tengan todo lo que necesitan, pero también esperan que los hijos le correspondan en la misma medida. Los padres suelen inducir a los niños a realizar actividades que a ellos les agrada, y no precisamente al niño. Por ejemplo, instar al hijo a tomar una clase de pintura cuando el pequeño lo que desea es jugar a la pelota. Cuidado con esto, pues si el niño se siente presionado para realizar algo que no desea, la relación padre-hijo se puede convertir en desarmonía en el hogar. No obliguen a sus hijos a hacer lo que no desean, más bien, déjenle la libertad de escoger sus actividades y de esta forma la relación familiar será armoniosa.

En la profesión

En lo profesional Escorpio necesita un trabajo que sea absorbente y que lo mantenga ocupado durante el horario de trabajo. Ellos trabajan para ver crecer sus ahorros, el dinero es algo muy importante y saben cómo utilizarlo. Otra característica que los identifica es que son extremistas, si deciden ahorrar para lograr un objetivo, son capaces de limitarse hasta en la comida. Recuerdo el caso de una pariente que pertenece a este signo. Ella quería hacer un viaje de recreo, pero como el sueldo no le alcanzaba para programarlo de un día para otro, tenía que ahorrar, entonces en vez de comer en la cafetería del trabajo, se llevaba comida hecha de su casa y muchas veces en los fines de semana venía a comer a la mía, gastaba lo imprescindible durante unos meses y cuando reunía el dinero se iba a disfrutar su viaje. Con este método, recorrió gran parte del mundo, ella era signo solar Escorpio y Ascendente Sagitario, de aquí su motivación a viajar por el mundo, pues a los sagitarianos les fascina explorar nuevos lugares.

El poder es algo muy importante para Escorpio, sobre todo cuando se trata de la profesión, saben cómo usarlo, aunque a veces pueden abusar de él, pero cuando lo ejercen con responsabilidad y conocimiento del trabajo, el poder colabora con ellos, pero si lo utilizan para esclavizar a otros, con el tiempo esto se les devuelve y pueden verse en situaciones penosas más adelante. Te sugiero que si eres Escorpio le des un buen uso a tu capacidad de poder y a la fuerza emocional que tienes, así recogerás buenos frutos cuando ya no puedas seguir trabajando.

Tradicionalmente a Escorpio se le atribuyen profesiones relacionadas con minas, con el hierro y el acero, por tanto se pueden encontrar en profesiones como la ingeniería metalúrgica y también con armamentos pesados, quizás a eso se debe que hayan muchos militares escorpianos, pero además los podemos encontrar en aquéllas donde pueda desplegar su capacidad investigativa, como psicólogo, psiquiatra, sociólogo, cirujano, detective o curandero.

En la salud

Fisiológicamente, rige los órganos sexuales (genitales externos, ovarios y gónadas), la uretra, la vejiga, y el ano. Las enfermedades venéreas, el SIDA, las hemorroides, el cáncer de la próstata en los hombres y de los ovarios en las mujeres son enfermedades producidas por Escorpio. Por ser el signo opuesto a Tauro, se pueden presentar problemas en la garganta.

Plutón, regente de Escorpio

Plutón es el planeta que rige los fenómenos del subsuelo; los movimientos telúricos, las minas y los volcanes. Su energía también se relaciona con el petróleo, las aguas negras y los manantiales que surgen de las entrañas de la tierra.

Su vibración es la encargada de producir las grandes transformaciones que recibimos a lo largo de nuestra vida, que se gestan mucho tiempo antes de manifestarse en la conciencia del hombre. A este proceso lo llamo "cambio de piel" porque la vibración plutoniana destruye las viejas formas de conducta y de conceptos aprendidos para dar paso a una nueva configuración de la personalidad del individuo, con lo cual se evidencian nuevos comportamientos.

Para sacarle provecho a las transformaciones plutonianas, debemos estar concientes durante la crisis que él produce. Aunque dolorosa, es purificadora, pues las conductas erróneas de vidas pasadas deben emerger a la superficie para ser eliminadas por la nueva personalidad y así obtener nuevas experiencias que nos permitan adoptar los comportamientos y conceptos necesarios para la realización de la obra que vinimos a representar.

Las crisis plutonianas las podemos entender de la forma siguiente: tomemos como analogía el caso de un indigente que tiene muchos años sin asearse, tanto que ya se acostumbró a la suciedad de su cuerpo, no percibe ni el mal olor que despide, y se le ha formado una costra que le sirve de capa protectora. Luego, un día siente la necesidad de tomar un estropajo y arrancar la costra hasta dejar el cuerpo casi en carne viva. El indigente siente un gran dolor y malestar con la limpieza. Esto va a dolerle mientras se esté limpiando, sin embargo, luego de unos días, la limpieza de la nueva piel hará que esta persona se sienta cada vez mejor, y al final experimentará una sensación de bienestar. Esta analogía nos sirve para comprender los procesos de Plutón.

Plutón se encuentra íntimamente relacionado con el karma y la reencarnación. Nos informa de las áreas del inconsciente donde debemos profundizar para conocer las actitudes positivas y negativas que hemos desarrollado a través del descenso del alma a la materia. A la casa donde aparezca Plutón debemos prestarle mucha atención si pretendemos adentrarnos en esa zona del inconsciente. Esta es un área muy delicada, ya que alberga el lado oscuro de nuestro ser, el cual se conoce como "la sombra" y nos puede producir desagrado observar ahí la envidia, el odio, y la crueldad desarrollada en vidas anteriores, aunque la ocultemos en esta vida expresando un comportamiento que contradice estas debilidades que se encuentran presentes en las profundidades del ser.

El signo de Sagitario
(23 de noviembre al 20 de diciembre)

El orgullo acarrea deshonra;
la sabiduría está con los humildes.

—PROVERBIOS 11–2

Noveno signo del zodiaco

Representación: El centauro

Regente: Júpiter

Cualidad de la materia: Cálido-seco

Elemento: Fuego

Cualidad del elemento: Mutable

Frase clave: Yo exploro

El signo de Sagitario está representado por un centauro, personaje mitológico mitad hombre mitad caballo, que tiene en sus manos un arco y una flecha, lista para ser disparada. El simbolismo que se usa en astrología es sólo la flecha.

Analizaremos el signo tomando al centauro como analogía, de esta forma resulta más didáctico para tu comprensión. Sagitario es un signo dual en su naturaleza; cuando expresa su parte superior que es el hombre, desarrolla su potencialidad intelectual, su sabiduría y su espiritualidad, todas características de los seres humanos. Pero cuando manifiesta su lado animal, actúa como el caballo salvaje, llevándose entre sus patas a cualquiera que se le coloque delante, bajo esta condición se puede volver agresivo.

Al caballo le gusta correr por las praderas; si aplicamos esta cualidad a los sagitarianos, veremos que desarrollan una gran velocidad en la carrera de la vida y a veces pueden incluso desbocarse si no tienen un buen jinete que los guíe, que en este caso, sería la parte superior representada por el hombre. El sagitariano siempre será su propio jinete, y como el caballo salvaje, cuando alguien trata de montarlo, lo derriba.

Sólo aprenden a base de cometer errores, nunca pienses que aprenderá por lo que tú le puedas decir o aconsejar. Sagitario es un signo mutable y como tal, siempre va a pedir opinión a la hora de actuar, pero luego hará lo que de antemano tenía en mente. Esto se debe a que es su propio jinete y no acepta monturas ajenas. Este último comportamiento lo he vivido muy de cerca, pues tengo un hijo sagitariano, además en mis relaciones de romance siempre atraigo personas con Sagitario en el ascendente o signo solar.

Cuando analizo y compruebo estas predisposiciones en mi carta, la astrología me parece fascinante; el saber cómo voy escogiendo las personas o cosas de acuerdo a las predisposiciones que aparecen en mi carta natal, el descubrir por qué escojo a una persona y no a otra me proporciona comprensión de mí misma. En mi caso, es obvio por qué dos de mis hijos nacieron con el Sol en Sagitario y por qué las personas que se relacionan románticamente conmigo tienen el Sol o el ascendente en Sagitario, es que tengo la Casa V en Sagitario, y esta es mi área de los romances y los hijos.

Vamos a analizar esto, la Casa V es el sector de los hijos, el romance, la creatividad y las diversiones. En esta área de mi vida soy sagitariana, y desde luego, atraigo novios entusiastas, joviales y francos; pero también a algunos indisciplinados, hipócritas y aventureros.

Júpiter, se encuentra en el signo de Sagitario que es su regencia, pero ubicado en Casa IV, (área del hogar) siendo el regente de la Casa V, por lo cual atraigo hijos sagitarianos. La interpretación de esta energía es que en mi hogar debo compartir con sagitarianos, que en este caso, son mis hijos (Casa V). Otra interpretación sería que las personas cuando me visitan se sienten tan bien que no desean irse. Estando en mi hogar les proporciono alegría, bienestar y diversión, Júpiter el planeta de la alegría y la satisfacción en Sagitario en mi Casa IV. Esto lo he comprobado, me lo expresan las personas que vienen a la consulta, así como las amistades que me visitan.

El potencial del signo de Sagitario implica alcance y trascendencia, y la vida del sagitariano transcurre basada en algún ideal. Parece que su objetivo es cubrir grandes distancias, llegar lejos, no importa dónde. Son grandes exploradores, por tal razón, disfrutan de los viajes y las aventuras. No me extrañaría pensar que Cristóbal Colón o Erico El Rojo fueran sagitarianos.

Gozan más en la trayectoria hacia la meta que con los frutos logrados. Es como si su apasionamiento se encontrara centrado en la carrera más que en los logros, porque cuando llegan y alcanzan sus propósitos, necesitan iniciar una nueva carrera y perseguir otra meta. Este comportamiento se debe a que el sagitariano vive buscando lo que para él es la verdad, por lo cual dedica gran parte de su vida a la exploración de esta verdad. Básicamente estas son las características generales de este signo.

Ahora pasemos a analizar a una persona con un Sagitario fuerte en su carta. Te he estado hablando de un Géminis fuerte, un Tauro fuerte y creo que no te he explicado qué quiero decir con esto. Pues bien, una persona que tenga, por ejemplo, a Mercurio, Venus, la Luna y Júpiter en Escorpio y sólo tiene al Sol en Sagitario, decimos que tiene un Escorpio fuerte. Aunque su Sol se encuentre en Sagitario, responderá en un grado mucho mayor a las características de Escorpio que a las de Sagitario, pues posee muchos planetas en Escorpio.

Cualidades positivas

Las personas sagitarianas, están constantemente disparando sus flechas cuando hablan y cuando actúan. Entre sus cualidades se destaca: la honestidad y la generosidad. También son muy crédulas, yo diría que hasta ingenuas, lo que en ocasiones las expone al engaño, eso sí, por un tiempo, pues cuando intuyen que están siendo embaucadas, alejan de sus vidas al responsable del engaño. No perdonan la traición o la mentira bajo ninguna circunstancia.

A veces Sagitario puede herir sin ser consciente de ello. He observado que posee un gran sentido del humor, que en ocasiones puede ser "negro", pero de todas formas es muy jovial, sincero, entusiasta y optimista.

Cuando desees divertirte, hazte acompañar por un sagitariano; pero cuando tengas preocupaciones, no te le acerques porque te sacará de tus casillas con sus bromas, pensando que de esta forma mejorará tu humor. Pero si logra identificarse con tu estado anímico, puede ayudarte bastante, porque también hay que decir que son muy sentimentales y capaces de captar el dolor humano, más por intuición que por intelectualización.

Su tendencia natural es al movimiento, ya sea físico o mental, el cual los impulsa a realizar viajes, físicos o mentales. Lo que más estiman es su libertad, son como caballos salvajes en una pradera, les encanta la naturaleza, los bosques, todo lo que tenga que ver con la vegetación, por lo cual practican deportes al aire libre, pueden montar bicicleta, correr, montar a caballo, etc. Es difícil verlos sentados jugando una mano de ajedrez o de dominó, y si lo hacen, posiblemente los encontraremos en un parque.

No perdonan la traición o la mentira bajo ninguna circunstancia. En ellos predomina más la intuición que el intelecto, aunque a veces pasan por alto sus percepciones intuitivas y luego se lamentan de ello.

Cualidades negativas

Los defectos de este signo son la fanfarronería, la jactancia, la indisciplina, la inclinación por el juego de azar, la impaciencia y la hipocresía, entre otros. Regularmente el sagitariano aprende a no apegarse ni a ser poseído, esto es debido a que desarrolla una filosofía de vida que pudiéramos resumir en pocas palabras: "la vida es muy corta y no se hizo para sufrir, sino para disfrutar de la libertad". Para él la vida es un disfrute y goce constante. Esto no quiere decir que no viven sus momentos difíciles como todo el mundo, pero en apariencia el goce parece ser el propósito de sus vidas.

En el amor

En el amor son ardientes, entusiastas e idealistas; para enamorarse tienen que idealizar a la persona. Los sagitarianos, debido a su vivacidad y entusiasmo, poseen una rica sexualidad, pero pudieran llegar a aburrirse de su pareja si ésta no es creativa o si el motivo de la relación es puramente por el sexo. Luego que pasan los primeros momentos de la euforia sexual, la relación pudiera parecerles aburrida si la pareja es muy pasiva sexualmente.

No se sentirá correspondido cuando están juntos si a su pareja sólo le interesa ver la televisión o leer un libro. Aunque de todos modos, cuando ellos desean una relación permanente necesitan sentir más que deseos sexuales, en este caso son sumamente cariñosos, expresivos y atentos.

En su relación de pareja, se muestran sinceros y demostrativos. Debido a la mutabilidad del signo, necesitan una pareja que les permita libertad de movimiento, no soportan que se les acorrale, ni que los coarten en sus actividades sociales, pues son personas muy sociables y sus relaciones pueden ser muy heterogéneas, por ende, no aceptan una pareja celosa a su lado.

Como al sagitariano le fascina la aventura, es posible que en un determinado momento disfrute de dos relaciones a la vez, disfrutando en cada una ellas lo que poseen de diferentes. Esta puede ser la causa de su necesidad de independencia; al buscar una segunda relación pretende demostrase a sí mismo que no está atado a la primera pareja. En la etapa de su juventud quizás hasta piense que no necesita una compañera o compañero permanente, pero cuando llega a la madurez, cambia de opinión. Mi sugerencia es, que si te encuentras en una situación como esta lo pienses mejor, pues sería una pena que dejes escapar a alguien a quien amas y pierdas la oportunidad de compartir una vida feliz junto al ser amado, sólo por estar aventurándote en otra relación que de sobras sabes que no te comprometerás.

En el matrimonio

Para Sagitario el matrimonio representa un poco encerrarse en un corral. Si tomamos la analogía del centauro, mitad hombre y mitad caballo, te darás cuenta por qué digo esto. El caballo salvaje necesita ser libre para correr por las praderas, si lo cazan y lo llevan a un corral no se sentirá bien. Algo similar le sucede a los sagitarianos con el matrimonio.

En cierta forma sentirá que este compromiso le va a quitar un poco de su libertad, sobre todo en el primer año, pues tendrá que compartir su vida con otra persona y si esta persona es de las que exigen mucha atención y compañía la cosa no va a ser muy agradable para el sagitariano, aunque con el tiempo buscará la manera de resolver la situación.

Para que la relación funcione, en el caso de los hombres, necesita de una persona que sea versátil y activa o que comparta intereses y gustos comunes. Por ejemplo, si le gusta montar a caballo o irse los fines de semana a una finca y la esposa disfruta con esto, el marido va a ser todo lo posible por complacerla en otras actividades. Una característica muy significativa es que de todos los signos Sagitario es el menos celoso, pero tampoco acepta que lo celen, por tal motivo, desde el principio del matrimonio, debe quedar bien claro para su pareja que cada uno necesita libertad e independencia, de esta manera el matrimonio marchará muy bien.

En este sentido, mi sugerencia para los sagitarianos es que tampoco lleguen a los extremos de las libertades, traten de no quedarse muy seguido trabajando horas extras, o quedándose con los amigos luego del trabajo, pues la pareja pudiera pensar que están en otra cosa.

Como padres son muy amorosos con sus hijos y comparten muchas actividades, disfrutan llevando a sus hijos a un parque donde pueden volar una cometa, o los fines de semana salir de viaje a lugares donde estarán en contacto con la naturaleza. Pero luego que los hijos crecen buscarán la manera de realizar sus actividades y que los hijos realicen las de ellos, aunque esto no impide que sigan ocupándose de sus hijos en lo concerniente a motivarlos y a estimularlos para que se desarrollen como individuos en la sociedad, y de vez en cuando, compartirán actividades con sus hijos y con los amigos de sus hijos, pues para los padres sagitarianos las diferencias generacionales no impiden que siga compartiendo con ellos.

En la profesión

Las actividades laborales que se identifican con Sagitario son aquéllas que les permitan desarrollar la libertad de mente y cuerpo. Necesita libertad de expresión en cualquier trabajo, así como la posibilidad de hacer cosas a su manera sin que se le coaccione.

Si por casualidad uno de sus superiores le reprochara su trabajo, especialmente si lo considera poco diestro, se sentirá muy mal y su trabajo no será tan efectivo, se desanima y puede llegar a trabajar de forma automática, sin creatividad. Pero si a Sagitario le dan cierta libertad, trabajará con entusiasmo y mucha energía, pues su motivación es sacar lo mejor de sí, haciendo que las labores que realiza hagan crecer la empresa.

Las personas de este signo deben saber que poseen una limitación y es su incapacidad para los detalles. Son muy buenos planificadores de esquemas generales y hasta pueden intuir crisis que podrían presentarse en un futuro, pero nunca los pongas a ordenar un archivo o trabajos que requieran de un minucioso análisis, porque su capacidad de expansión les impide centrarse en objetivos concretos. El trabajo rutinario no es bueno para los sagitarianos, ya que tienden a caer en el aburrimiento. Para mitigar esto, deben practicar en sus tiempos libres algún deporte o una actividad que los distraiga.

Sagitario puede desenvolverse en muchas profesiones, a veces puede adquirir ingresos de fuentes diferentes, teniendo un empleo fijo y otra actividad extra que le proporciona dinero, pero las actividades relacionadas con este signo son la filosofía, la religión, la ley y la política; también pueden ser guías turísticos debido a su atracción por los viajes y las aventuras, practicar profesionalmente cualquier deporte al aire libre o dedicarse al ámbito de la veterinaria, pues tiene especial interés en los caballos.

En la salud

Las áreas del cuerpo regidas por Sagitario son las caderas, los muslos y el nervio ciático. Manifiestan una tendencia a sufrir de dolor en las caderas o en la parte baja de la espalda. Suelen sufrir de tensión nerviosa que en ocasiones somatizan con manifestaciones de hipoglicemia. Por ser el signo opuesto a Géminis, pueden contraer enfermedades respiratorias como bronquitis y afecciones pulmonares en sentido general.

Júpiter, regente de Sagitario

Júpiter nos aporta el impulso de expandir la conciencia para comprender y saber, no para acumular información como hace Mercurio, sino para profundizar y madurar en nuestro crecimiento. También representa las leyes naturales y nuestras convicciones religiosas y filosóficas.

Si este planeta se encuentra en el Ascendente o en el Medio Cielo, hace a la persona agradable y simpática a los demás. Aquí la debilidad o defecto sería por exceso, dando como resultado un carácter demasiado bromista, en cuyo caso, la persona se vuelve pesada con sus bromas o puede caer en la prepotencia por los constantes halagos que pueda recibir de los demás. Esta posición también proporciona una tendencia a la obesidad o una constitución voluminosa. En la práctica astrológica he podido observar esta predisposición frecuentemente, que es más evidente cuando Júpiter recibe aspectos tensos de la Luna o de Venus.

Por otro lado, Júpiter representa el sentido de la ley, igual que Saturno, pero la Ley de Júpiter tiene que ver con las leyes naturales, mientras que la de Saturno se relaciona con la ley de causa y efecto, por tal razón se le suele llamar "el Señor del Karma". Otro simbolismo son nuestras convicciones religiosas y filosóficas, también permite remediar problemas y efectuar la realización de algo que producen satisfacciones y alegrías. Para algunos astrólogos Júpiter es el ángel protector cuando se halla en buen estado cósmico y con buenos aspectos en la carta natal, junto con Venus, son los dos planetas que proporcionan las bonanzas y las cosas agradables de la vida

En una carta natal, Júpiter con aspectos tensos, da la tendencia a emprender muchas cosas a la vez y luego no concretizar ninguna. No acepta ningún tipo de restricciones, esto le parece intolerable y se siente incómodo cuando la vida le impone limitaciones que no puede evadir.

Este planeta, estando en buen estado cósmico y con buenos aspectos, produce éxitos y oportunidades para adquirir bienes que producen satisfacción y alegrías.

En este caso lo que debe aprender el jupiteriano es el arte de la moderación para actuar a tono con las circunstancias de su vida.

El signo de Capricornio
(21 de diciembre al 20 de enero)

Toda causa tiene su efecto; todo efecto tiene su causa;
todo ocurre de acuerdo a la ley.
Azar no es más que el nombre que se da a una ley desconocida;
hay muchos planos de causación, pero ninguno escapa a la ley.
—EL KYBALIÓN

Décimo signo del zodiaco

Representación: La cabra montés

Regente: Saturno

Cualidad de la materia: Frío-seco

Elemento: Tierra

Cualidad del elemento: Cardinal

Frase clave: Yo utilizo

La representación del signo de Capricornio es la cabra montés. El simbolismo de la cabra montés le va muy bien a Capricornio, pues es el solitario del zodíaco, igual que el macho cabrío, que vive solo en los montes, solamente comparte con sus congéneres en el momento de aparearse. De aquí que el capricorniano únicamente intima cuando persigue algo que le interesa, aunque no sea consciente. Una persona cercana a mí pertenece a este signo y regularmente es distante, pero si desea lograr algo, se acerca y se muestra muy solícita. En dicho comportamiento no hay ni maldad ni bondad, se trata de la naturaleza de la cabra montés, arquetipo expresado por el capricorniano en su relación con otros.

Este signo nos habla de grandes ambiciones en la vida, necesita escalar grandes alturas, como hace la cabra montés en su hábitat, disfruta por el simple hecho de verse en la cima. Cuando yo era pequeña, existía una litografía donde aparecía una cabrita con sus cuatro patitas juntas en la cima de una montaña, se veía triunfante por haber alcanzado el pico más alto.

Esto refleja bastante bien la ambición capricorniana. Ellos se trazan pautas paso a paso y con gran tesón y paciencia van escalando, nunca dan un paso sin estar seguros de que pisan terreno firme, antes prefieren esperar mejores oportunidades.

En la vida del capricorniano, el esfuerzo juega un gran papel. A ellos la vida no les brinda muchas oportunidades de ir en autopista, lo cual tiene su analogía con la cabra montés, pues nunca vas a verla en terreno llano, estará siempre en las alturas rocosas de las montañas y en lugares solitarios.

Si tienes a Capricornio fuerte en tu carta, es posible que eligieras nacer con la naturaleza capricorniana para experimentar las vivencias de escalar grandes alturas, quizás porque en otras vidas no lograste llegar a la cima que debías alcanzar. Todo lo que te estoy explicando es simbólico, no me refiero a lo mundano, sino a lo espiritual, y claro está, estoy partiendo de la teoría de la reencarnación; aunque yo creo firmemente en ella, no sé si para ti tiene validez.

Se dice que para convertirnos en maestros de cualquier arte o ciencia, debemos aprobar todas las materias que aparezcan en el currículum de estudios, lo mismo sucede con el arte y la ciencia de la vida, debemos pasar por todas las experiencias que nos proporcione la Madre Tierra. Para desligarnos de la ley del karma, mi hipótesis es que debemos vivir las experiencias que aporten todos los signos zodiacales y graduarnos en cada uno de ellos; si reprobamos, lo lógico es que volvamos a repetir el curso con el mismo signo donde fallamos, ya sea en una vida subsiguiente o en próximas vidas lejanas.

Siguiendo con mi hipótesis, mientras no dominemos y completemos la materia proporcionada por las experiencias de cada signo en el plano físico, estaremos dentro de la rueda kármica. Luego de completar las materias con todos los signos y los planetas, el alma decide si toma el Sendero del Amor o el de la Sabiduría. Si se decide por el primero, se convertirá en un instructor de humanidades; si toma el segundo será un constructor de Universos.

El tema anterior lo trato con mucha seriedad porque creo firmemente en que el motivo de la vida se encuentra en este proceso que acabo de explicar, y por esa razón considero que la astrología no es un instrumento de predicción, sino un instrumento de crecimiento y desarrollo espiritual. No voy a afirmar que es una religión, ni una filosofía, pero sí pienso que la información que te aporta la carta natal es Dios hablándote a través de los astros para que sepas cómo volver a El.

Diremos que Capricornio nos enseña a utilizar todos los recursos materiales, a trabajar en el mundo de las formas, a concentrarnos en nuestros deberes, a tener sentido común, a ser organizados, metódicos y frugales. Claro, estas cualidades no las logramos en una sola encarnación de 70 años promedio, por tanto, debemos volver una y otras vez hasta que aprendamos todas las experiencias que proporciona cada uno de los signos zodiacales. En ello radica el infinito amor de Dios para con sus hijos, nos ofrece varias oportunidades para regresar a su divinidad. Sabrá Dios cuántas veces le hemos dado la vuelta al zodíaco y cuántas vueltas más nos faltan.

Cualidades positivas

En general pudiéramos decir que es pragmático. De los tres signos del elemento tierra, el más práctico y el que mejor utiliza los recursos materiales es Capricornio. Es cauteloso en la acción, tiene sentido del deber y de la responsabilidad. La persona de este signo manifiesta la tendencia a encorvarse a temprana edad, porque se echa cargas emocionales a sus espaldas.

Los nativos de este signo toman la vida muy en serio, son muy formales, no se salen de sus esquemas tradicionales, le dan mucha importancia a su palabra, cumplen siempre lo que prometen, aunque les suponga un verdadero esfuerzo. En parte este comportamiento supone una debilidad, pues la vida es dúctil y cambiante, pero al capricorniano le cuesta trabajo mostrarse flexible.

Sería muy provechoso para ellos practicar el sentido del humor y aprender a reírse de sus errores. En el fondo, tienen un terrible temor al fracaso y a la crítica de los demás. Si perteneces a este signo, recuerda que sólo se aprende cuando se fracasa o se comete un error. Si fuéramos perfectos, no estaríamos encarnados en la Tierra, sino en planos superiores de la existencia, no olvides esto; todos cometemos errores, lo importante es estar alerta para aprender de ellos, no hay cosa más saludable que reírnos de nosotros mismos. A modo de sugerencia te digo: "aprende a reírte con todas las ganas y tus tensiones desaparecerán".

A veces pensamos que los demás nos criticarán por un error cometido y ni reparan en lo que hacemos. Haz una prueba, comete cualquier error voluntariamente y verás que no es tan difícil ser menos exigente con uno mismo. Todo se encuentra en la mente, y con ese comportamiento lo único que haces es angustiarte y negarte la oportunidad de disfrutar de las cosas buenas y bellas que te entrega la vida.

Los capricornianos piensan que si no se exigen a sí mismos, no tendrán calidad moral para exigir a otros, pero esto no es así necesariamente, porque la calidad moral y la autoridad la da el llevar una vida congruente entre lo que se hace y lo que se dice. Aquí, entre tú y yo, si eres capricorniano, ¿no es verdad que tus conceptos morales van a veces en contra de tus pulsiones internas? Pero no expresas estas pulsiones por temor a ser descubierto y a que digan "pero mira, fulano no es tan serio como aparenta". No sé si me equivoco, pero cuando te sientes protegido y en privacidad, ¿verdad que eres capaz de romper tu formalidad y convertirte en un ser humano menos exigente? Sincérate contigo, apuesto a que te sucede esto en algunas áreas de tu vida.

Tira ese temor a la basura y compórtate como un individuo perteneciente al planeta Tierra, pues todos tenemos defectos y también virtudes. Lo que debes hacer es dejar de ver la paja en el ojo ajeno y procurar ver la viga en tu propio ojo. Cuando Jesús pronunció estas palabras, posiblemente se refería al signo de Capricornio. También te sugiero que nunca trates de alcanzar tus ambiciones trepando por encima de otros o utilizándolos como escalón, porque puede suceder que cuando te veas en la cima, caigas estrepitosamente, y aquéllos a los que pisaste sean los que ocupen tu lugar en las alturas. Como dice la Biblia: "los primeros serán los últimos y los últimos serán los primeros".

Las personas de este signo son capaces de trabajar duro y lentamente, además poseen mucha concentración en todo lo que ejecutan; pueden vencer los obstáculos que se presenten en el camino de su vida, poseen una gran capacidad y resistencia para el trabajo, cualquiera que sea. Capricornio no es un signo creativo ni original, más bien toma ideas existentes y las usa de modo práctico, pudiendo obtener de ellas más partido que su creador.

Cualidades negativas

Las debilidades de Capricornio son: el egoísmo, la avaricia, el pesimismo; es materialista, interesado, insensible y utilitarista. Mentalmente es frío y calculador, por tal razón sabe cómo sacarle provecho a los recursos materiales que llegan a sus manos. Otra debilidad capricorniana es que a veces para lograr un objetivo no les importa mucho si tienen que trepar por encima de alguien. La frase que dice "no importa los medios, sino el fin" es capricorniana, expresa muy bien esta debilidad.

En el amor

En el amor es precavido, conservador, serio y sobre todo, formal y apegado a las tradiciones. El capricorniano dirá "el amor es muy bueno, pero con él no se come", por lo que a la hora de elegir pareja buscará la seguridad material antes de formalizar una relación de matrimonio.

Algunos capricornianos disfrutan el estado de enamoramiento, pero talvez mentalmente se muestran reacios a aceptarlo, de ahí su aspecto de frialdad y despreocupación con que puede percibirlo la pareja. Si este es tu caso, bien merece la pena considerar si estás haciendo lo posible para que tu pareja se sienta amada y atendida. Ya sé que tu sentido práctico puede obstaculizar tu lado romántico y emotivo, sin embargo podrás expresar tu amor si te dejas arrastrar lo suficiente por tus emociones, tratando de no reprimirlas.

De todos los signos, Capricornio es el más predispuesto a la melancolía y a la depresión cuando se siente rechazado, pero también posee mucha resistencia ante las frustraciones y los obstáculos en la conquista, esta capacidad se debe a su paciencia para esperar el momento oportuno para entrar en acción. Cuando se siente seguro de ser aceptado se lanza a la conquista, logrando así el éxito que persigue.

Sobre esto último podemos sugerirte que, cuando estés en disposición de buscar pareja, trata de investigar si la persona que te atrae comparte tus intereses de ascender a la cima, de llegar lejos en tu proyección profesional.

Luego de comprobar que si, entonces exprésale tu amor espontáneamente. Nunca utilices una relación de pareja para escalar profesionalmente u obtener éxito social, involucrarte en una relación sólo por obtener bienes materiales se te puede revertir más adelante en grandes sufrimientos.

Cuando te enamores entrégate a tu pareja por sus cualidades personales, no por lo que esa relación te pueda proporcionar social o económicamente. Claro está que a todo el mundo le agrada que su pareja sea exitosa y que uno pueda disfrutar junto con ella los beneficios de sus éxitos. Si aparte de eso sentimos un gran amor, pues ¿qué más pedirle a la vida?, esto sería el mejor regalo que nos proporcione la vida, entonces nos sentiremos plenos, ya que el amor es la mayor bendición que podemos recibir los seres humanos. El dinero es muy bueno y cualquiera que se dedique a ahorrarlo podrá tenerlo, pero el amor no podemos ahorrarlo o guardarlo en un banco, éste llega sin previo aviso y si no somos capaces de cultivarlo se nos va cuando menos lo esperamos, dejándonos solos y tristes. Capricornio, reflexiona en esto que comparto contigo.

En la profesión

Capricornio posee un gran potencial para escalar a una posición elevada donde quiera que trabaje, este es su mayor anhelo y motivación. La profesión representa el elemento de mayor importancia en su vida, al capricorniano no le gusta ser un "don nadie". Por tal motivo, se esforzará por escoger una profesión que le permita realizarse plenamente.

Lo que sucede muchas veces es que este potencial se puede ver inhibido para expresarse debido a las oportunidades que le ofrece la vida. Puede ser que la persona no tenga los recursos materiales para ir a una universidad, puede ser que por razones familiares tenga que dedicarse a una temprana edad a trabajar en cualquier área para mantener a su familia y en último caso, puede ser que la persona no posea la suficiente confianza en su capacidad. En este último caso, la persona Capricornio se escudará diciendo que en los trabajos siempre lo tratan mal o que los trabajos no son adecuados para él. Esto es básicamente un mecanismo de defensa para ocultar su falta de confianza, y por supuesto, esta actitud lo llevará a trabajar en un lugar de bajos ingresos.

La persona Capricornio está inclinada a tomar un pequeño incidente y convertirlo en algo grande, sólo para auto-justificar su fracaso. Este comportamiento suele tener un efecto contraproducente sobre las características más positivas de este signo, como son, la paciencia y la perseverancia. Pero donde quiera que trabaje siempre tendrá la ambición de llegar a la más alta posición.

La política y la administración de empresas pueden ser carreras que le permitan lograr sus objetivos, pues si llegaran a ocupar el cargo más alto en una de estas profesiones lo saben realizar muy bien, puesto que son cargos que requieren mucha disciplina, responsabilidad y sentido del deber, características propias de este signo.

Otras actividades laborales adecuadas para Capricornio son aquéllas que le permitan desarrollar su capacidad de practicidad y organización, tales como las relacionadas con la organización de recursos materiales, por tanto pueden ser la ingeniería civil y las matemáticas.

En la salud

El capricorniano cuando es joven parece viejo, y cuando es viejo parece joven. También se dice que en sus primeros años de vida, su salud es débil, fortaleciéndose con el paso del tiempo.

Fisiológicamente, rige el sistema óseo, las rodillas y la piel, que es el límite del cuerpo. Todas las enfermedades producidas por Capricornio son limitantes, como es el reumatismo, la osteoporosis, y todas las lesiones y fracturas de los huesos. Por ser el signo opuesto a Cáncer puede desarrollar problemas en las vías digestivas, pero esto, en el caso del capricorniano, va a estar dado por la represión emocional, porque tiene la tendencia a reprimir sus emociones y sentimientos, pudiendo mostrar una imagen inmutable, refrenando todo aquello que le parezca una debilidad. Aconsejo al capricorniano abandonar esta práctica porque a la larga quien va a sufrir las consecuencias es su estómago y sus articulaciones.

Saturno, regente de Capricornio

Saturno se conoce como "el señor del karma". En la carta natal representa el sentido de responsabilidad y del deber, la capacidad de concentración, de reflexión y de concretización en todo lo que hacemos. Con buenos aspectos desarrolla la disciplina y la conciencia de nosotros mismos. La función de la energía de Saturno es que pensemos con claridad, con lógica, que podamos conectarnos con nuestra realidad física para que el alma pueda vivir su experiencia evolutiva en la materia.

Otra forma de ver la energía de Saturno es relacionándola con el sistema óseo, al cual rige. Éste es el que nos permite la estructuración erguida de nuestro cuerpo y la forma de desplazarnos y movernos. Si no contáramos con el sistema óseo nos arrastraríamos como las serpientes. Saturno es pues, la base de nuestro crecimiento físico, y de la misma forma impulsa nuestro crecimiento espiritual. Lo que sucede con este proceso es que aún los seres humanos nos encontramos en una etapa evolutiva donde no alcanzamos la adultez espiritual, por lo cual todo proceso de crecimiento entraña una experiencia conflictiva.

Las personas que tienen a Saturno en el ascendente o en el medio cielo poseen una expresión seria y formal, muchas veces los demás lo pueden percibir como si estuvieran enfadados. A estos individuos se les hace difícil flexibilizar sus valores y tradiciones, pues suelen mostrarse muy exigentes con ellos mismos y con los demás. Sin embargo, tienen una gran capacidad de reflexión y profundidad en sus juicios. Este planeta ofrece resistencia y paciencia en los períodos críticos y en la consecución de metas. Proporciona habilidad para planificar a largo plazo con disciplina y concentración.

En su aspecto positivo, proporciona autocontrol, disciplina, prudencia y sabiduría, y en su aspecto negativo, es el planeta que nos limita y nos frustra a causa del miedo, pues tiende a despertar todos los temores productos de experiencias desagradables vividas en esta o en otras vidas. Pero esta vibración de Saturno es sumamente importante para nuestro crecimiento como individuo, por tanto, no hay que temerle, pues todo crecimiento sostenido conlleva algún tipo de dolor y de esfuerzo.

Cuando la vida nos sonríe, y todo marcha sin contrariedad, no hacemos conciencia de que estamos aquí para crecer y desarrollarnos en un plano más elevado, pues estamos dirigiendo todos nuestros sentidos a los apegos materiales, que son perecederos, sólo somos capaces de interiorizar cuando el señor Saturno nos enfrenta a la realidad de nuestra vida, que es la trascendencia del espíritu, nuestra meta final.

El signo de Acuario
(21 de enero al 18 de febrero)

Nada de cuanto sucede es malo
para el hombre bueno.
—Platón

Onceavo signo del zodiaco

Representación: Un aguatero

Regente: Urano

Cualidad de la materia: Cálido-húmedo

Elemento: Aire

Cualidad del elemento: Fijo

Frase clave: Yo conozco

Antes de pasar a explicar la simbología de Acuario permíteme hacer unas reflexiones sobre las Eras Astrológicas y sus Avatares (Mesías o Regentes de una Era), pues pienso que es muy interesante reflexionar sobre cómo ambos inciden en la conducta y los conceptos del hombre de acuerdo a lo que las eras manifiestan.

Estamos entrando a una nueva era que es la de Acuario, la cual se inició en 1948. Todavía permanecen muchas características de la Era de Piscis, ya que no se pasa de una era a otra de forma drástica. Así como sucede en la desembocadura de los ríos: al acercarse al mar el agua dulce se va salinizando en la medida en que se aproxima a la desembocadura, pero hay un espacio donde el agua no es tan dulce ni tan salobre. De igual forma sucede en la transición de una era a otra.

En estos tiempos la humanidad se siente muy confundida en cuanto a los valores y patrones de conductas a desarrollar. Ello se debe a este proceso de transición que estamos viviendo, pero cuando se manifieste completamente la conciencia de la Era de Acuario, la confusión desaparecerá y estaremos capacitados para desarrollar la mente superior, la fraternidad y el humanismo, todas cualidades del signo de Acuario, entonces viviremos en un mundo donde no exista la separación de credos, de razas, ni de religiones, en otras palabras, se trata de la mencionada era de los mil años de luz, de la que hablan las escrituras de todas las religiones.

Aún faltan unos cuantos años para que en la Tierra se manifieste completamente el espíritu de Acuario, lo cual no veremos ninguno de nosotros en este cuerpo actual, pero no importa en qué cuerpo sea, lo relevante es que el alma viva su experiencia, y que la humanidad, junto con la Madre Tierra, logre realizar el fin último de la creación: "amarnos los unos a los otros" y amar a todas las criaturas del universo, porque el amor es la fuerza que sostiene al universo. El espíritu de Acuario estará derramando las aguas del saber y del amor universal durante los próximos 2160 años aproximadamente.

Quienes nos encontramos encarnados, debemos dar gracias a Dios, pues estamos siendo espectadores y actores a la vez de un evento cósmico grandioso: estamos finalizando una era astrológica, un milenio, un siglo y una década, todo a la vez, lo que proporciona grandes cambios, tanto a nivel mundial como individual. Eventos como este sólo se presentan cada 25.600 años aproximadamente y no siempre el alma tiene la posibilidad de reencarnar en ese tiempo.

A este final de década, siglo, milenio y era astrológica las religiones le llaman el "juicio final" y en verdad lo es, ya que a partir de ahora, el alma de la Tierra, como Entidad Cósmica, pasará a ocupar una escala más elevada en su propia evolución y junto con ella estaremos las almas que vibremos en la dimensión a la cual nuestra Madre Tierra se dirige. Las almas que no alcancemos su alta vibración pasaremos a reencarnar a otro planeta que esté acorde con las vibraciones de nuestras almas. A esto es que la Biblia se refiere cuando dice: "será el llanto y el crujir de dientes". Es una expresión simbólica del dolor que tendrá que sufrir el alma, pues debido a que no pudo completar la enseñanza en su ciclo evolutivo, debe reiniciar su vida en planos más densos para continuar su evolución.

Continuemos con el análisis de los Avatares. Jesús como Avatar de la Era de Piscis, fue el precursor de la Era de Acuario al predicar el amor universal.

Piscis representa el amor del corazón, el amor en su principio femenino (el Ying). Jesús manifestó este amor al ofrendar su vida para la elevación espiritual del hombre. Con esta ofrenda, cósmicamente él propicia las condiciones y siembra la semilla del amor universal perteneciente a la Era de Acuario, pero mientras él estuvo encarnado, su misión era manifestar el amor de Piscis, amor que induce al despertar de la sensibilidad humana, para que la semilla plantada hace 2000 años se convirtiera en el amor con sabiduría (el Yang) a través del desarrollo de la mente superior.

Años atrás, cuando alguien sufría por el ser amado, significaba que amaba profundamente. La frase "se me rompe el corazón de tanto amarte" era muy común entre los amantes de antaño. Expresiones similares se pueden encontrar por millares en los tiempos de nuestros abuelos. En la historia de la humanidad, los amores idealistas pero turbulentos y dolorosos fueron los más grandes, por ejemplo, la historia de Romeo y Julieta y la de Abelardo y Eloisa son imágenes perfectas del amor de la Era de Piscis.

Pero también Jesús como sucesor de la Era de Aries tuvo que enfrentar las condiciones arianas existentes en ese momento. Su misión era abolir esa era para dar inicio a la Era de Piscis. Hasta el momento en que él encarna, en la humanidad predominaba el espíritu de Aries, que representaba las guerras, la supervivencia, el coraje, la impulsividad y la instintividad. Moisés, siendo el Avatar de la Era de Aries, fue el prototipo del principio masculino (el Yang) al cual pertenece Aries.

Cada Avatar manifiesta el espíritu de la era correspondiente, expresando las características del signo que él preside como Maestro Guía de la era. Al igual que Jesús, Moisés es el precursor de la Era de Piscis y lo manifiesta cuando huye de Egipto (el escape es una característica de Piscis) porque había dado muerte a un soldado egipcio. Este asesinato estuvo inducido por el espíritu de la Era de Aries para que Moisés escapara al desierto y pudiera cumplir con la misión que tenía como Avatar de esa era. Aries simboliza la milicia y la guerra, y siendo Marte el regente de Aries, representa la acción impulsiva que se manifestó en ese momento en Moisés en forma negativa. Pero si no se llega a producir ese evento, este personaje no hubiese podido realizar su misión. Ese asesinato constituyó el punto clave que lo determinó a cumplir la misión para la cual nació. Las cosas no son buenas ni malas, simplemente "son".

Desde el punto de vista humano, el acto de asesinar es malo, pero cósmicamente, este hecho produjo el impulso para que se manifestara el Avatar de la Era de Aries. Deseo aclarar que no es que considere la acción de asesinar como algo aceptable, lo que quiero expresarte es que, a veces, se realizan acciones que ante los ojos humanos pueden ser negativas, pero que para los planes cósmicos son las que se necesitan para que la humanidad siga avanzando en la cadena evolutiva del universo.

Debemos empezar a desarrollar nuestros sentidos superiores y ver la vida en perspectiva, no horizontalmente como la hemos estado viendo hasta ahora. Hemos estado viviendo en la tercera dimensión, pero con el final de esta era planetaria nos encaminamos hacia la cuarta y la quinta dimensión, donde el tiempo y el espacio son inexistentes, y sólo se posee "la conciencia de ser".

Otra manifestación del Avatar de Aries es cuando Moisés baja del Monte Sinaí con las Tablas de la Ley y encuentra a los israelitas adorando al becerro de oro, que era el símbolo de la Era de Tauro, la cual estaba en su proceso de transición hacia la Era de Aries, por lo que en un arrebato de cólera rompe las Tablas, exhibiendo una conducta impulsiva y agresiva, por tanto, ariana. Pero este proceder se debe a que Moisés, consciente de su misión como Avatar, sabía que tenía que entronizar la Era de Aries y erradicar la Era de Tauro, por esa razón actuó con una conducta típicamente ariana.

Este comportamiento tuvo su resonancia cósmica, no pienses que se produjo por azar, ni por la naturaleza humana de Moisés. Los Avatares actúan de acuerdo a los designios cósmicos, Ellos se encuentran fuera de la Ley del Karma y en perfecta armonía con el universo.

También en toda la trayectoria del Éxodo, Moisés se comporta como un militar en la conducción de su pueblo hacia la Tierra Prometida. Las reglas que impuso y la disciplina que empleó son propias del coraje y la dirección de un militar, según lo expresa la narración del Viejo Testamento, incluso entre los colaboradores de Moisés se encontraban militares, sin embargo, en la vida de Jesús sus colaboradores son pescadores y personas sencillas del pueblo, proclamándose así como el Avatar de la Era de Piscis.

Fíjate si esto de las eras influye en la humanidad, que hasta el Dios de Moisés tenía características arianas, pues Jehová no era un Dios compasivo, como el Padre Celestial de Jesús, sino un Dios guerrero y vengativo, tanto así, que no perdonaba ninguna de las faltas de sus devotos. Esta actitud ariana de Jehová se manifiesta a través de todo el Viejo Testamento. En cambio el Padre Celestial de Jesús era, y es todavía, toda misericordia, característica muy destacada del signo de Piscis.

Te menciono estos episodios para que amplíes tus concepciones y compruebes cómo la astrología se manifiesta en el transcurrir de la evolución humana y cómo Dios cambia de personaje de acuerdo a cada era para adecuarse a la comprensión de sus hijos según el estado evolutivo de éstos. Podría seguir enumerándote muchos pasajes más, pero creo que con estos explico lo que significa el espíritu de una era planetaria y la intervención de sus Precursores.

En la Era de Acuario el amor está ligado a la sabiduría (principio masculino o Yang). Por esa razón, el amor de Acuario es el amor a la humanidad o AMOR UNIVERSAL, que ya empieza a vislumbrarse, por lo menos escuchamos mensajes que nos exhortan a que lo desarrollemos, aunque todavía la gran mayoría de nosotros no logremos comprenderlo ni experimentarlo. Pero no te quepa la menor duda de que lo lograremos, aunque sea en otro cuerpo. Con el solo deseo de buscar ese amor, nos colocamos en el camino de alcanzarlo. Con este análisis espero que comprendas lo que significan las eras planetarias o astrológicas en el desarrollo evolutivo de la humanidad.

Características de Acuario

El símbolo de Acuario está representado por un hombre con un cántaro de agua sobre su hombro derecho, derramando desde el espacio el agua sobre la humanidad. A este hombre se le conoce como el Aguatero. Por encontrarse en el espacio nos habla del elemento aire, al que pertenece este signo, no al elemento agua como erróneamente piensan algunos neófitos en astrología; y por estar volcando su cántaro de agua desde lo alto, nos evoca la intuición que es la expresión de la mente superior o abstracta, no de la mente concreta, que está simbolizada por Géminis.

El Aguatero se considera también como la condición superior, a la cual está llamado el hombre, que es la condición angélica. Esta energía angélica se está manifestando en el mundo como una explosión de ángeles por todas partes. Encontramos ángeles en cerámicas, en cristales, en barajas, y en una infinidad de objetos, hasta el punto de que se ha desarrollado últimamente "la angelología", que quienes la practican, dicen que es una ciencia del futuro. No sé si a ti te sucede, pero a mí, comprobar la similitud entre las eras y la conducta del hombre me maravilla y me asombra.

El Aguatero derramando el agua nos dice que la intuición y el amor universal se vierten para todos por igual; sin tener en cuenta credo, religión, raza o color. De ahí que el acuariano se interese por la humanidad como un todo, sin hallarse influenciado por favoritismos hacia nada ni nadie.

La intuición y la mente superior en el acuariano se manifiestan a través de sus ideas y su creatividad. Frecuentemente se adelanta o se atrasa al tiempo en que está viviendo, por tal razón, se presenta como poco convencional, raro, excéntrico y original.

La grafía que se usa para este signo son dos ondas, por lo que muchas personas piensan que es un signo del elemento agua, pero ya hemos visto que no. Este simbolismo encaja muy bien con estos tiempos, sobre todo después que se descubrió Urano, regente de este signo, pues estas dos ondas no se refieren al agua, sino a las ondas de luz, de electricidad, de sonido y a un sinnúmero de ondas que se han descubierto en los últimos años, las cuales se hallan vinculadas con los adelantos científicos que tienen relación con Urano, el planeta de la tecnología, la ciencia, los viajes aéreos y espaciales, las computadoras y la astrología.

En sus características generales Acuario es un signo individualista, y de opiniones muy rígidas, aunque ellos nunca lo aceptarán, te dirán que son personas abiertas para aceptar cualquier cambio de opinión. La característica que más los identifica es la amistad. Aunque a menudo parecen emocionalmente fríos, suelen ser estupendos amigos, les encanta hacer favores y ayudar a los amigos cuando están en una crisis o cuando están en dificultades, siempre están dispuestos para actuar en el momento preciso.

Su estilo de vida puede ser chocante para muchas personas, ya que los acuarianos son personas inconvencionales, no les gustan las reglas impuestas por los demás, necesitan sentirse libres en sus actuaciones, cosa que muchas veces les causa conflictos debido a su excentricidad.

Cualidades positivas

Los acuarianos, por pertenecer al elemento aire, son idealistas, amantes de la libertad, humanistas y muy originales en todo lo que hacen; se orientan hacia la defensa de causas sociales, son innovadores y revolucionarios. Mentalmente intuitivos y libres pensadores, muy abiertos en sus ideas y opiniones. A un acuariano le puedes contar la barbaridad más atroz y nunca te sentirás juzgado por él, esto se debe a su amplitud de pensamiento y a su conocimiento de la naturaleza humana. Con esto no quiero decir que no posean sus propios valores morales, lo que sucede es que sus valores son diferentes a los de la mayoría de nosotros.

Tal como ya dije, una de las cualidades sobresalientes del acuariano es el sentido de la amistad. Regularmente tienen muchos amigos; son impredecibles en cuanto a lo que pueden hacer por ellos. Si quieres mantener una buena amistad con un acuariano, debes comprender su anhelo de libertad y sus intereses intelectuales, que siempre van a pretender difundir entre sus amigos y conocidos. Estos intereses frecuentemente estarán dirigidos hacia cosas muy modernas o muy antiguas, de aquí su excentricidad y que los no acuarianos pensemos que están fuera de época.

Al acuariano le agrada pertenecer a clubes, a instituciones sin fines de lucro y a sociedades donde pueda compartir sus ideas. Esta actitud hacia los grupos está dada por su intelectualismo más que por el interés en el contacto personal. Son solidarios, pero poco efusivos. Recuerda que es un signo de aire y este elemento es intelectual, no emocional, por esa razón nunca vas a sentir mucha efusividad emocional ni sentimental en ellos.

Cualidades negativas

Cuando en la carta natal Urano y planetas ocupantes de Acuario reciben aspectos tensos; se manifiestan conductas negativas, tales como, obstinación, rebeldía y fanatismo. Pueden llegar a ser erráticos y agitadores de masa.

En el amor

En el amor se manifiesta desapegado, es más amigo que amante, a veces se puede pensar que es incapaz de expresar amor, aunque en un momento dado puede quitarse los zapatos y dárselos a cualquier persona que considere que los necesita, sin importarle ni el costo de los mismos, ni llegar descalzo a la casa, pues desde su punto de vista, para el acuariano lo relevante es que esa persona necesita los zapatos. Ahora bien, en cuanto a una relación de pareja, será capaz de mantener un compromiso permanente, pensando en función de la pareja y compartiendo su vida a todos los niveles, pero su necesidad de independencia es tan fuerte que sólo será capaz de asumir este compromiso si existe una gran pasión y amor por su pareja, de lo contrario, la libertad e independencia siempre serán más importantes que cualquier relación.

Algo muy importante para el acuariano es que su pareja debe poseer una mentalidad abierta y sin prejuicios, además debe contar con alguna cualidad con la cual éste se identifique. Para ellos no es necesario que su pareja comparta absolutamente todos sus gustos e intereses, pero debe haber al menos un interés en común para establecer una relación armónica, lo que es básico para el acuariano. Esto puede ser, por ejemplo, el gusto por la ópera, o por las carreras de auto; Acuario, más que amante, es amigo de su pareja.

En la intimidad sabrá adecuar el ambiente apropiado para el momento, en cuya entrega habrá un apasionado amante, pero también, en momentos de intimidad suele ser muy divertido, proporcionando a la pareja un momento de plenitud y esparcimiento. Son súper solidarios con su pareja, y si ésta llega a tener algún inconveniente, no hay mejor amigo y compañero que Acuario para darle apoyo y estimularla a resolver el problema.

En el matrimonio

Cuando el acuariano decide casarse es fiel, pero no es probable que se case fácilmente, pues necesita estar muy seguro de saber si desea perder su independencia. Luego de tomar la decisión, será respetuoso y consciente de que su pareja no es un objeto de su propiedad, sino un ser humano que tiene sus propias opiniones y conceptos.

Es esencial para ellos conservar su individualismo para no perder con el matrimonio su identidad. En el caso de las acuarianas, cuando son madres pueden sentir que la crianza de los hijos representa un sacrificio para su libertad de seguir estudiando, por ejemplo, en este sentido es importante que lo tomen con filosofía y busquen la forma de superarlo, que puede ser, tomando clases nocturnas, o coordinando con el esposo para que esté en la casa y se pueda quedar con los niños.

También es beneficioso que se ponga de acuerdo con su esposo para que una vez a la semana se junte con sus amigas durante algunas horas. Así podrá asumir la maternidad de una forma más agradable. Te ofrezco estas sugerencias porque sé lo importante que es para ti disponer de un tiempo donde puedas hacer lo que deseas, saliéndote de las ocupaciones que conllevan el matrimonio o los hijos.

En el hombre acuariano, esto regularmente no se cumple, ya que generalmente, por su condición, el hombre no tiene las mismas obligaciones que la mujer en cuanto a los hijos. Sin embargo se presentan casos excepcionales en padres acuarianos que reconocen la necesidad de realización de su esposa, y abandonan su trabajo temporalmente para cuidar a los niños, hasta que la esposa logre sus objetivos.

Como padres estarán siempre motivando a sus hijos para que desarrollen su intelecto, por tanto, le suministrarán materiales adecuados. Además se ocuparán de tener una buena comunicación y compartir con sus hijos actividades de la escuela, como son: excursiones, deportes o participando en grupos de teatro. Aunque los padres acuarianos no tienen diferencias generacionales con sus hijos, es importante que recuerden que pertenecen a un signo fijo y que no deben asumir una posición de rigidez al guiarlos, pues esto lo que haría es distanciarlos, sobre todo cuando entren a la adolescencia.

En la profesión

El acuariano puede realizar cualquier tipo de profesión u oficio, pero siempre dará un toque de originalidad a todo lo que haga. Es importante para ellos saber qué esperan de su trabajo antes de iniciar lo que se les encomienda. De igual forma querrá hacer el trabajo a su manera, y es bueno que la persona que lo supervise le permita cierta libertad, pues es así que Acuario siempre logra los mejores resultados de su trabajo. Le molesta mucho que alguien esté observando lo que hace o que le sugieran cómo hacerlo, de todas formas es un trabajador que se gana la confianza de sus superiores debido a que cumple con lo patrones de la empresa.

Las tareas rutinarias no les resultan incómodas, poseen la capacidad de adaptación y buena disposición para el trabajo, cosa que resulta una ventaja para ellos, pues le permiten en ocasiones ascender a un cargo más alto. Otra capacidad que los beneficia es que pueden trabajar bajo cualquier circunstancia, tales como ruidos de máquinas y sonidos fuertes, que en el caso de otra persona pudiera entorpecer su labor. El acuariano tiene la capacidad de aislar su mente de cualquier ruido exterior y centrarse en su tarea.

Como compañeros de trabajo son estupendos amigos, se solidarizan con causas justas dentro de la empresa, y si algún compañero tiene alguna diferencia con él y le ofende, posiblemente lo deje pasar hasta que las tensiones se calmen sin prestarle gran atención a esa diferencia.

Por ser un signo del elemento aire las actividades laborales que más les agradan son aquéllas donde no tengan ningún tipo de restricción personal ni mental, donde puedan desarrollar sus cualidades intelectuales, creativas e intuitivas con miras al futuro. Se sienten mejor trabajando en equipo que solos, lo opuesto a Capricornio, que sí le gusta trabajar solo. Las profesiones afines a este signo son: la psicología, la electrónica, la astrología, la fotografía, la aviación, la televisión, la radiología y la ingeniería electromecánica.

En la salud

Fisiológicamente, Acuario rige las piernas, los tobillos y el sistema circulatorio. La asociación refleja con el signo de Leo, puede ocasionar problemas en el corazón. Es posible que el acuariano padezca problemas circulatorios de adormecimientos y calambres en las piernas y las manos, así como vári- ces en estas áreas del cuerpo. Además puede sufrir de fragilidad capilar en los tobillos y predisposición a lesionarse o fracturarse los mismos en algún momento de su vida.

Urano, regente de Acuario

Antes de adentrarnos en la explicación de la significación de Urano, per- míteme analizar contigo el fenómeno que ocurre con los tres planetas ge- neracionales. Considero muy interesante este análisis, pues la mayoría de nosotros vivimos los cambios que se generan en el mundo y no tenemos ni la más mínima idea de que estos cambios están determinados por las influencias astrológicas. Te sorprenderás de cómo estos tres planetas han estado gravitando en los cambios mundiales que hemos experimentado durante el siglo pasado y el presente.

Urano, junto a Neptuno y Plutón, forman la trilogía generacional, cuya influencia trasciende el plano personal, por tal razón tienen una mayor incidencia en el desarrollo de la vida a nivel de la humanidad. Si investi- gamos la historia de la humanidad y consultamos las efemérides, nos dare- mos cuenta de que muchos de los fenómenos que marcan los cambios en el mundo se deben a la entrada de uno de estos planetas a un nuevo signo.

Estos tres planetas, por su lentitud de movimiento, permanecen mu- chos años en un mismo signo, de ahí su connotación de planetas genera- cionales. Si observamos la generación cuando Urano transitaba el signo de Cáncer, generación integrada por las personas que nacieron a partir del 31 de agosto hasta el 12 de noviembre de 1948; desde el 10 de junio de 1949 hasta el 24 de agosto de 1955; y desde el 28 de enero de 1956 hasta el 9 de junio de 1956, podríamos comprobar que comparten una concepción similar del mundo en cuanto a la significación de Urano, el planeta de los cambios bruscos e inesperados. Veamos cómo sucede esto. El signo de Cáncer, por su vinculación con la Luna, representa la maternidad, y Urano la libertad y los inventos. Precisamente, en la época de los años cincuenta se inventa la píldora anticonceptiva, que hemos usado muchísimas mujeres para evitar la procreación masiva.

Cáncer tiene que ver con la mujer por su polaridad femenina, y es en este período donde se inicia la liberación femenina, aunque no resultó muy evidente hasta que Urano entró al signo de Leo, en la década de los famosos años sesenta, cuando los jóvenes, tanto varones como mujeres, abandonaban sus hogares para formar las colonias "hippies".

En este período empiezan a proliferar de forma masiva los enseres eléctricos: las aspiradoras, las lavadoras, las estufas eléctricas, etc., que facilitan las labores del hogar, y Cáncer está asociado a las actividades hogareñas y familiares. Fíjate cómo un planeta generacional influye poderosamente en la humanidad y sobre todo en una generación específica.

Si tomamos a un grupo de personas con la posición de Urano en Cáncer, veríamos que todas comparten actitudes similares que tienen que ver con la generación de Urano en Cáncer. Lo mismo sucede en el caso de Neptuno y Plutón, cada uno ejerce su influencia de acuerdo al signo por donde estuvieren transitando cuando se inicia el nacimiento de una determinada generación.

Podríamos extendernos muchísimo más narrando eventos que están marcados por la vibración de Urano, pero ahora deseo compartir contigo mi experiencia con Urano y mi entrada a la astrología. En mi carta natal, Urano se encuentra en Cáncer en la Casa XI, área de los protectores y los grupos. Recuerdo que al inicio del libro, te cuento cómo llegué a la astrología a través de un curso que me invitaron. Quien me invita es precisamente una persona que en ese momento lo consideraba un protector para mí, pues cuando necesitaba orientación de algo, acudía a él y recibía su ayuda.

Bien, en ese tiempo Urano estaba finalizando su tránsito por mi Casa V, área que además de la creatividad, significa la enseñanza. Los tránsitos que tenía sobre mi carta natal eran: Urano trígono a mi Nodo Norte y a mi Saturno; y un sextil a mi Mercurio en Escorpio en la Casa III, área de la mente y la comunicación; y empiezo a ejercer la astrología profesionalmente, cuando Urano entra a mi Casa VI, la casa del área laboral. Esto ocurre al año de haber terminado el famoso curso de Cosmobiología y de pasarme un año comprando y comiéndome los libros. Incluso viajé a

Puerto Rico sólo para comprar libros, pues en mi país en ese tiempo no había mucha bibliografía del tema. Este apasionamiento me lo proporciona Mercurio en Escorpio, un signo muy apasionado cuando se interesa en algo.

Ahora te explicaré cómo se desarrollaron los eventos que determinaban estos tránsitos. El tránsito de Urano a mi Nodo Norte que se encuentra en la Casa IX, área de la enseñanza superior, y estando el Nodo vinculado a la misión kármica que es la misión que debo desarrollar en esta vida, me indica que la astrología llega a mi vida por aprendizaje kármico, o sea, estaba determinada a conocer la astrología como una enseñanza superior para compartirla con otros, cosa que vengo realizando desde el año 1990, impartiendo cursos de astrología. Y el trabajo astrológico está determinado por Saturno en mi Casa I, área de la personalidad, siendo regente de la Casa VI, área laboral. El sextil con Mercurio me proporciona el apasionamiento con que tomé el estudio de esta ciencia. Pasaba la mayor parte del tiempo leyendo e investigando todo material que caía en mis manos.

A estas alturas si te has ido identificando con el material astrológico, y espero que así sea, sabrás que no tenía otra alternativa que no fuera dedicarme a la práctica astrológica y dejar la psicología que constituía mi ámbito de trabajo hasta ese momento.

Mi experiencia te puede servir de mucho para comprender tus procesos de cambio producidos por Urano. No creas que todo sucedió suavemente, pues hubo momentos complicados antes de definirse el proceso. Cuando aún no iniciaba el estudio astrológico, me hallaba disgustada con mi trabajo sin razones aparentes, pues precisamente, en ese período a nivel profesional me iba muy bien. De todas formas quería cambiar y no encontraba la forma de hacerlo, pero tampoco sabía qué hacer; deseaba renunciar a mi trabajo, pero sentía un gran temor de perder la seguridad económica para mantener a mi familia. Observa que no era el temor a quedarme sin dinero en sí, más bien lo que me preocupaba era mi familia. Esta actitud la determina mi Urano en Cáncer, el cual me estaba induciendo a un cambio, que en ese momento, para mí era muy drástico y de mucho riesgo según mi punto de vista en ese momento.

En mi caso, quien me ayudó a realizar el cambio fue Saturno. Este planeta se encuentra en mi Casa I y rege mi Casa VI. Éste y Urano están bien relacionados por un sextil en mi carta, lo cual indica que Saturno colabora siempre con Urano en mis cambios . . . hasta ahora lo ha hecho.

En este cambio profesional debía seguir tratando con personas, pero Urano me indicaba un estilo diferente y poco tradicional, tal como es él y eso es lo que he estado realizando durante estos años de trabajo intenso, pero de mucho aprendizaje y satisfacciones.

Así se comportan las vibraciones de estos tres planetas, que también se conocen como transpersonales. Quieras o no, ellos crean las condiciones necesarias para que avancemos y no nos quedemos rezagados en el camino hacia la perfección. Todo está escrito en la carta natal. Si estas explicaciones logran su objetivo, haciéndote comprender para qué sirve la astrología, me sentiré más que agradecida de la vida por haberme colocado en el camino de esta ciencia y por darme la oportunidad de ser un instrumento de su manifestación aquí y ahora.

En la carta natal, por ser Urano un planeta generacional, se le presta más atención a la casa que éste ocupe, que al signo en sí. Su significación en la carta natal nos informa de la capacidad de cambios que posea el individuo, de la necesidad de libertad, la capacidad de ampliar horizontes a nivel mental y del desarrollo de una inteligencia científica, pero mal aspectado puede dar rebeldía ante la autoridad y conductas antisociales.

El signo de Piscis
(19 de febrero 19 de marzo)

Padre Amado,
que mis lágrimas bañen Tus Pies
y se conviertan
en los ríos Tigris y Eufrates
para regar la Tierra con mi amor,
y que ellas sean las aguas
que mojen las semillas
de las conciencias dormidas
para que broten en un estallido cósmico
y puedas deleitarte
en el Cósmico Huerto de Tu Creación . . .

—LA AUTORA

Doceavo signo del zodiaco

Representación: Dos peces entrelazados

Regente: Neptuno

Cualidad de la materia: Frío-húmedo

Elemento: Agua

Cualidad del elemento: Mutable

Frase clave: Yo siento

El signo de Piscis está representado por dos peces unidos por una cuerda moviéndose en direcciones contrarias. Esto nos remite a la naturaleza dual y contradictoria del pisciano, a la dualidad existente en la materia: la luz y la oscuridad, el calor y el frío, lo bueno y lo malo, el consciente y el inconsciente, etc.

Esta simbología le habla al pisciano de la elección que debe hacer en su vida; hay un pez que va río arriba y otro río abajo. Si la persona con un Piscis prominente en su carta decide tomar la dirección del pez que se dirige río abajo, asumirá las características negativas del signo. En este caso, se perderá en un mundo de fantasías y de autoengaños que le llevarán a pasar por grandes pesares, los cuales podría desahogar con el alcohol y las drogas.

A este pisciano le veríamos haciéndose la víctima y sin ánimo de entender que todos los problemas que llegan a su vida son el producto de sus propias acciones erradas. Tiene en su mente un mundo muy diferente al que le presenta la realidad y como va río abajo, se deja arrastrar por las corrientes engañosas de sus fantasías. Con esta actitud, la única opción que vislumbra es escapar de la responsabilidad que debe asumir, y tanto el alcohol como las drogas, o cualquier tipo de adicción le permiten seguir con su conducta escapista.

Regularmente, el pisciano que se identifica con este pez tiende a subestimarse. Es la persona que luego de hacer un buen bizcocho te dice: "te voy a brindar un biscocho que hice, pero no quedó bueno" y el biscocho está delicioso. Sin embargo, si a este pececito se le proporciona ayuda y apoyo por parte de sus seres queridos podrá sobreponerse a esta debilidad.

El otro pez, que sería el que remonta el río, nos habla del sendero espiritual, del servicio desinteresado a sus semejantes, de hacer a otros lo que quisiera para sí y amar sin esperar nada a cambio. Se goza en amar, consciente de su origen divino, con lo cual desarrolla el amor incondicional, que es la cualidad inherente al signo de Piscis. En el capítulo anterior esbocé lo que significa la Era de Piscis, creo que a nadie le cabe la menor duda de que Jesús fue el mejor exponente de este amor y lo ejemplificó a la perfección.

En la vida de Jesús se manifiestan dos aspectos que sobresalen en todos sus actos: el elemento agua y los peces. Sus discípulos eran pescadores, siempre predicaba a orillas de los ríos, convirtió el agua en vino en las bodas de Canaán (el vino constituye un instrumento de evasión para el pisciano), esto fue algo mágico, como todos los milagros que él realizaba, y resulta que una de las simbologías de Piscis es la magia, ¿no te resulta significativo todas estas coincidencias?, te lo dejo como reflexión.

Tú puedes seguir buscando más analogías, pues hay muchas a lo largo de su vida. Y por último, la culminación de su misión como Avatar de la

Era de Piscis la realiza con el autosacrificio de su muerte, para que el amor universal de la Era de Acuario se expandiera por la humanidad. Así trabaja el cosmos, hace 2000 años se estaba preparando el terreno para que la semilla de este amor germinara en los hombres del siglo XXI.

Jesús manifestó en su vida el amor incondicional de Piscis, pero profesó la sabiduría de Acuario. Como precursor de la Era de Acuario, practicó la fraternidad con su forma de vida, la capacidad de abstracción mediante sus parábolas; y la libertad e independencia moral e intelectual en sus discursos públicos, así como en sus actitudes y actividades en su vida pública.

Existen muchos pasajes en que se le puede tildar de rebelde y excéntrico. Por ejemplo, se puede destacar su vínculo con los gentiles y con las mujeres, dos grupos estigmatizados por la sociedad judía de entonces; incluso su sacrificio se justificó con el argumento de que se trataba de un rebelde y agitador de masas. Todas estas manifestaciones no se dan al azar, sino que están sutilmente vinculadas al hacer del Avatar de la Era que él entroniza.

Con los Mesías encarnan también grandes almas que se identifican con las características de esas eras y que les sirven de apoyo y asistencia a cada uno de Ellos. Así podemos mencionar las Gopis o pastoras de Krishna (Avatar de la Era de Tauro), los 70 sacerdotes de Moisés y los 12 discípulos de Jesús. La manifestación de los Avatares en el plano físico es muy interesante. Pareciera que cada uno de Ellos cooperara con su sucesor, pues en tiempos de Krishna se le rendía culto a la vaca, sin embargo Krishna en sus años de juventud fue un pastor de ovejas (símbolo de la Era de Aries) y en su vida adulta dirigió a Arjuna en la batalla narrada en el Mahabharata, todo esto nos está hablando del signo de Aries.

Luego viene Moisés a presidir la Era de Aries. Según el relato bíblico, Moisés llega a la princesa a través del río Nilo (el agua de la Era de Piscis). La Biblia no refiere que Moisés nació por obra y gracia del Espíritu Santo, como Jesús, sino que hace alusión de un nacimiento cuyo origen no está muy claro, esto nos hace pensar en el signo de Piscis, signo que simboliza todo lo que es difuso. Su madre, para evitar que lo mataran, lo deposita en una cesta en el río Nilo, donde la princesa egipcia lo encuentra, adoptándolo como hijo. Pero luego en la vida de Moisés aparece también el símbolo de su predecesor, el becerro de oro. Estando en el Monte Sinaí buscando las Tablas de los Diez Mandamientos, al bajar se encontró con que su pueblo estaba adorando un becerro de oro, símbolo de la Era de Tauro, la cual tenía que erradicar para dar paso al Cordero, símbolo de la Era de Aries, siendo el encargado de manifestar el espíritu ariano.

Luego viene Jesús. Si has leído el Nuevo Testamento, te habrás encontrado con las siguientes palabras: "Cordero inmolado para el perdón de los pecados". ¿De qué se está hablando aquí? Se está diciendo que el cordero (Era de Aries) se inmola para dar paso a la Era de Piscis, donde las guerras, las formas instintivas y animalescas debían desaparecer de la humanidad para dar paso al amor, amándonos unos a otros como hermanos y componentes de una sola familia, la familia universal.

Todavía entrando a la Era de Acuario, en la humanidad permanecen muchos de los rasgos de la Era de Aries, los cuales se han disfrazado con la tecnología que aporta Acuario, cambiando las armas rústicas de los hombres de la Era de Aries por las sofisticadas armas nucleares, las cuales son más destructivas que las antiguas. Las guerras continúan y los instintos prevalecen sobre los valores espirituales y lo mismo se puede decir del odio y el amor. Roguemos para que la Era de Acuario limpie y purifique con sus aguas de sabiduría los residuos que aún permanecen en el hombre moderno, los cuales pertenecen a esa era pasada para que al fin el hombre pueda vivir en armonía con el Universo.

Pudiéramos también remontarnos a la Era de Géminis, era de la escritura, la comunicación y la comercialización, cuyo Avatar fue Rama (Avatar de la civilización fenicia), pero para este trabajo no tiene mucha relevancia.

El pisciano en sentido general es una persona capaz de sacrificarse por los demás, sobre todo cuando se trate de alguien que está pasando por momentos tristes o desafortunados. Son muy buenos para consolar a los que sufren o a los desvalidos. Pueden engañarse a sí mismos debido a sus ilusiones o engañar a otros por pensar que es la forma más cómoda de no hacer sufrir a la otra persona, ellos no soportan el dolor emocional ni en ellos ni en otra persona, esto es algo compatible con su sensibilidad.

Cualidades positivas

El pisciano es emocionalmente sensible e intuitivo. Es bastante adaptable a las circunstancias y a las personas, no por servilismo, sino por su natural amabilidad. Le desagrada contemplar el sufrimiento ajeno; es sumamente sensible, si te ve llorando, posiblemente llorará contigo. Esta capacidad de asimilarse a otros, sobre todo emocionalmente, le facilita sentir lo que los demás sienten.

La capacidad de abstracción es muy fuerte en ellos, permitiéndoles recibir informaciones de fuentes desconocidas, sin pasar por el pensamiento racional, de aquí que podemos ver a muchos médiums que son piscianos. Pero si la mente no es entrenada para manejar estas informaciones, existe la posibilidad de que haga un mal uso de esa facultad y en vez de ayudar cause daño, no sólo a otros, también a sí mismo y frecuentemente la persona termina arruinando su vida. Poseen habilidades artísticas, son hospitalarios, compasivos, se sacrifican por los demás, son alegres y pacíficos.

Cualidades negativas

El signo de Piscis mal aspectado tiende a caer en algunos extremos emocionales, yendo de un estado eufórico a uno depresivo. Si hay un signo que debe entrenar su mente antes de usar los dones de mediúmnidad o clarividencia, éste es Piscis, porque mentalmente el pisciano se deja arrastrar por sus emociones, las cuales le causan confusión y dispersión, como si una niebla oscureciera su pensamiento y le impidiera ver lo que percibe a través de su sensibilidad psíquica; esto lo puede llevar a ser desordenado y confuso en sus acciones. Sus mayores defectos son el descuido, el engaño, los vicios, sus arranques temperamentales y su debilidad de carácter.

En el amor

Los Piscis cuando se enamoran viven en un mundo de ensueños y escenas románticas. Podemos escucharlos decir, "encontré a la persona de mi vida, o a mi alma gemela, ahora es de verdad", pero quizás sus relaciones pasadas no hayan sido muy estables. Bajo estas condiciones podríamos decir que su estado emocional está tan exacerbado que al encontrar una nueva pareja, está dispuesta a entregarse a la relación de forma tal que se le hace casi imposible canalizar sus emociones de manera apropiada.

Es probable que en la juventud viva el enamoramiento de esta forma, pero en la medida que pasan los años y se madura, podrá ver con otros ojos cualquier relación que se le presente, se volverá más cuidadoso, debido a los desengaños amorosos sufridos en la juventud. Para el pisciano puede ser difícil ser objetivo y práctico a la hora de iniciar una relación, pues ese impulso que poseen de crearse fantasías románticas le impide ver la realidad, por ende, tiende a llevarse muchas desilusiones.

Mi sugerencia para ti Piscis, es que cuando te lleves una desilusión, te tomes un tiempo para autoanalizarte, aunque esto represente estar sin pareja durante ese período, esto será siempre mejor que volver a caer en el mismo error, es posible que te sientas sola y abandonada, pero este autoanálisis te puede evitar muchas dificultades y sinsabores. Sé que tú aprendes por experiencia propia, esta será tu mejor maestra, escucha tu voz interior y verás que los resultados son muy favorables.

En el amor hay que dar, pero también hay que recibir, esto es de doble vía, y los piscianos regularmente tienden a dar y a no recibir. Una relación bajo esas circunstancias no es sana, pues ustedes necesitan más que los otros signos, que se les mime y se les exprese mucho amor, así que desde el inicio de la relación traten de estar alerta para no caer en esta predisposición, porque a la larga, la pareja se aburre de que lo complazcan en todo y se anulen ustedes mismos. Es posible que esta sea la causa que les impide mantener una relación de pareja permanente. Traten de no perder su identidad en sus relaciones amorosas.

En sentido general, el pisciano es muy emotivo, sumiso, soñador, romántico y a veces tímido, algunos de ellos buscan vivir sus romances en el mundo de sus fantasías, experimentando con esto lo que llamamos "amores platónicos".

En el matrimonio

Si en la relación de romance es importante que defienda su individualidad, en el matrimonio es mucho más necesario, sobre todo en la mujer pisciana, que posee la tendencia a desvivirse por el esposo y a dejar de lado sus propias necesidades. En casos extremos, esta predisposición puede llegar a que la esposa viva su vida en función del esposo, y esto no es sano, puesto que cada ser humano tiene el deber de realizarse como individuo y encontrar su misión. En el pisciano esta condición se debe a la sensibilidad que poseen estas personas, por tanto deben estar muy alertas para no dejarse arrastrar por las corrientes piscianas.

El afecto y la ternura son las cualidades más sobresalientes del signo de Piscis, esto vale para los dos sexos. En muchos aspectos, el pisciano es una persona con la que se puede convivir fácilmente, el único inconveniente es que suelen ser muy desordenados y despreocupados, cosas que para una pareja metódica y organizada sería frustrante convivir con alguien así. Por ejemplo se le puede olvidar pagar las cuentas del teléfono y darse cuenta cuando le suspenden el servicio.

A la pareja no pisciana esta conducta puede parecerle inaceptable, pero el pisciano dirá: "no te preocupes mi amor, ahora mismo voy y la pago y en menos de una hora tendremos el servicio restablecido". Si tu pareja es pisciana, ¿cómo resolverías esta situación?, pues realizando tú las actividades que impliquen un compromiso mensual, ya que Piscis no hace esto a propósito, sino por ser muy distraído y costarle mantenerse alerta en cosas que requieran atención. Para que la relación funcione, la pareja no pisciana debe comprender este comportamiento y ser flexible, pues por otro lado puedes recibir mucha ternura y atención de tu pareja pisciana.

Como padres, llenan de mucho amor y mimos a sus hijos, y casi siempre piensan que sus hijos son los angelitos del grupo. Este pensar muchas veces los lleva a la desilusión, pues luego se dan cuenta que sus hijos no son tan angelitos como le parecían, sobre todo cuando comienzan a traer malas notas de la escuela. Lo que sucede con los padres piscianos es que son muy blandos para imponer disciplina en la educación de los hijos. Cuidado con esto, pues cuando este niño crezca, posiblemente no tendrá ninguna disciplina ni organización, cosa que puede perjurarlo en su vida adulta. Los niños necesitan saber que sus padres, además del mucho amor que le pueden brindar, también le ponen reglas que son el soporte de su educación.

En la profesión

En cuanto a las actividades laborales se siente cómodo allí donde pueda manifestar sus cualidades de emotividad y su receptividad natural. Su capacidad de asimilarse a otros le facilita ocupaciones tales como atender a enfermos y a personas necesitadas. Por ejemplo, una enfermera pisciana será lo mejor que le puede tocar a un paciente, pues ella no sólo aplicará los conocimientos aprendidos, sino que se entregará por entero a su paciente, brindándole amor, ternura y consuelo si los necesitara. Para ella la profesión no es un trabajo remunerado, sino una tarea donde el paciente es lo más importante. Esta es una profesión que la puede hacer ganar dinero, pero para Piscis, el dinero no es lo esencial. Ellos se inclinan más a la condición de seres humanos, por lo que no les cuesta mucho realizar tareas y servicios sin cobrar un centavo. Otra actividad que puede atraer a los Piscis está dada por su creatividad, en particular las artes, cinematografía, el teatro y la mímica, son un terreno donde pueden desempeñarse con éxito. Por su espíritu compasivo le puede atraer la medicina, sobre todo la medicina alternativa y la veterinaria. También puede dedicarse a tratar los pies y tratar con líquidos (perfumes y bebidas, preferiblemente que no sean alcohólicas).

En la salud

Fisiológicamente, rige los pies y el sistema linfático. Entre ellos es común el pie plano y que le duelan los pies, que se le encarnen las uñas o adquieran hongos. En cuanto al sistema linfático, puede sufrir de inflamaciones en los ganglios y tener las defensas bajas. Por encontrarse en oposición al signo de Virgo, y por su impresionabilidad, puede tener problemas en los intestinos y el sistema nervioso.

Neptuno, regente de Piscis

La energía neptuniana sensibiliza e impregna todo lo que toca sin que reparemos en ello. Provoca fenómenos desconocidos e imposibles de someter a explicación lógica, pues Neptuno no conoce lo racional ni lo concreto, para él no hay límites de ningún tipo. Es una energía difusa, como si nos encontráramos rodeados de una neblina y divisáramos un bulto delante de nosotros, pero sin distinguir si es un animal, un árbol o una persona.

Es el planeta más difícil de interpretar, igual que la Casa XII, la cual rige; sólo el astrólogo que posea una fuerte sensibilidad psíquica puede captar con precisión esta energía. En la carta natal, representa la capacidad de abstracción psíquica, la aceptación del sufrimiento, la elevación espiritual, la trascendencia, la mediumnidad, pero también el autoengaño, la ilusión y el escape.

Por su sensibilidad y compasión desarrolla el amor hacia la humanidad y hacia todas las criaturas que habitan en la Tierra. Es lo que sucede con los místicos como San Francisco de Asís, que amaba tanto a las aves que podía comunicarse con ellas. O el caso de Santa Teresa de Jesús, cuando al hacer sus oraciones, se dice que solía levitar al entrar en estado de éxtasis. Neptuno produce estos estados alterados de conciencia, sin que por ello podamos decir que la persona padece problemas mentales, ya que en sus actividades cotidianas se muestra coherente.

Neptuno también es el responsable de enfermedades de difícil diagnóstico, enfermedades que en apariencia se perciben como misteriosas. Estando mal aspectado el médico puede equivocarse en el diagnóstico; o si se trata de adquirir un medicamento, el farmacéutico podría despachar un medicamento por otro.

Siempre que en nuestra carta natal tengamos aspectos tensos de Neptuno, se nos está avisando que debemos tomar ciertas precauciones en la ingestión de sustancias tóxicas como: el alcohol, el cigarrillo o los anestésicos, entre otras, pero también debemos cuidarnos de no involucrarnos en actividades ilícitas, ya que podemos perder lo más por lo menos, o si somos nosotros los que cometemos el engaño, podemos ser descubiertos y pasar por un mal momento debido al escándalo público y a sus consecuencias, entre ellas, llegar a ser aislados de la sociedad por encarcelamiento o pérdida de la aceptación social.

Neptuno induce al escape de cualquier situación que produzca dolor emocional por su energía hipersensible, esta es la razón por la cual caen muchos seres humanos en el alcoholismo, la drogadicción o el suicidio, tratando de evadir situaciones que les producen mucho dolor psicológico y emocional. Las personas más vulnerables a caer son precisamente las más sensibles, casi siempre personas con un puntaje alto en el elemento agua.

Glosario

Ascendente: El grado de la Eclíptica que asciende sobre el horizonte oriental en un determinado momento. Los signos ascienden por el punto cardinal Este. Si en un momento dado nace un niño cuando está ascendiendo el signo de Acuario, justo en el momento que el niño respira por primera vez, este es el punto donde se marca el ascendente, que siempre estará dentro del grado 0 al 30, correspondiente a dicho signo. Este punto indica la personalidad.

Aspectos: La distancia angular en grados y minutos de arco entre planetas o entre un planeta y una cúspide de casa. De este modo si el Sol está a 90 grados de la Luna por longitud celeste, significa que entre ambos existe un aspecto de cuadratura; si estuviesen a 120 grados, sería un trígono.

Astrología: Vocablo compuesto de las raíces griegas "astro" que significa estrella, y "logos" conocimiento, por tanto, el conocimiento de las estrellas. La ciencia de las relaciones o correlaciones medidas entre los movimientos de los cuerpos celestes y las circunstancias o acontecimientos en la Tierra. Es el arte de interpretar estas correlaciones.

Avatar: Encarnación de la Divinidad como Maestro Guía que preside una Era Planetaria o Astrológica.

Cosmobiología: Disciplina científica que investiga las correlaciones entre el cosmos y el hombre a través de los ritmos cósmicos. Este sistema fue establecido por el Dr. Feerhow de Viena porque consideró que la astrología arrastraba tradiciones que no eran relevantes y que se precisaba de un nuevo enfoque acorde con la era actual. Hoy día, esta disciplina es bien conocida a través de la visión práctica del astrólogo alemán Reinhold Ebertin.

Eclíptica: Círculo máximo comúnmente definido como la órbita de la Tierra alrededor del Sol, o a los fines astrológicos, como la órbita aparente del Sol alrededor de la Tierra. El plano de la Eclíptica está inclinado en un ángulo de alrededor de 23 grados con respecto al Ecuador Celeste. La faja zodiacal tiene como centro justamente a la Eclíptica.

Efemérides: Almanaque astronómico que contiene el Tiempo Sideral y las posiciones planetarias calculadas para el mediodía o para la medianoche de cada día. Estas tablas constituyen una herramienta imprescindible para la construcción del horóscopo.

Emoción: Estado anímico del individuo que le permite expresar alegría, tristeza, pena, rabia, etc. Las emociones son reacciones internas por lo cual se vinculan a la personalidad.

Equinoccio: Los puntos en que el Sol cruza el Ecuador Celeste. El equinoccio vernal es cuando el Sol cruza del hemisferio sur al hemisferio norte, realizado el 21 de marzo de cada año; y el equinoccio otoñal, cuando cruza del hemisferio norte al hemisferio sur, esto sucede el 22 de septiembre de cada año.

Evolución: El ascenso del Espíritu más allá de la materia. Es el proceso que a través de la reencarnación lleva al alma a fundirse con su esencia, la divinidad.

Grado: Cada una de las 360 partes iguales en que se divide la circunferencia. Los signos del zodiaco son medidos en grados de longitud a lo largo de la Eclíptica a razón de 30 grados en cada signo. Las efemérides astronómicas traen la posición planetaria en grados de longitud para cada día del año que se desee consultar.

Karma: La ley de causa y efecto en un plano mental y moral: según lo que sembremos, será lo que cosechemos. Si sembramos buenos frutos, eso recogeremos, pero si por el contrario fueron malos, también lo recogeremos. Las palabras bueno y malo son muy difusas para captar lo que es el karma, porque a veces lo que es considerado bueno, resulta ser malo kármicamente, cuando me refiero a buenos frutos, estoy hablando de la disposición que poseemos los seres humanos de amarnos los unos a los otros y de tratar a nuestros semejantes y a todas las criaturas del universo como quisiéramos que nos trataran a nosotros. Todo lo contrario a esto serían los frutos malos. De esta manera es como vamos creando nuestro destino kármico, y así rodamos dentro de la rueda del destino, vidas tras vidas escribiendo los roles que vamos desempeñando y los que desempeñaremos en futuras reencarnaciones. En esta vida estamos recogiendo lo sembrado, pero también estamos sembrando para futuras vidas. La carta natal describe lo que hemos ganado, así como también nuestras deudas kármicas, e indica la línea de acción que puede resultar del mismo.

Logo Planetario: Entidad de alta investidura espiritual que da vida a un astro para que en él se produzca la evolución de la vida en el universo.

Nodo Lunar: Los nodos de la Luna son los puntos de su órbita que cortan a la eclíptica. Los nodos se mueven hacia atrás, a través del zodiaco, haciendo una revolución completa cada 18 años aproximadamente. El eje nodal es el canal de captación kármica, el cual está compuesto por el Nodo Norte y el Nodo Sur. En la carta natal el Nodo Norte nos muestra el futuro y la lección principal que debemos aprender en la vida presente; el Nodo Sur se refiere a nuestro pasado, es la suma de las experiencias pasadas que simbolizan áreas que nos son familiares, como son por ejemplo, los hábitos que no queremos dejar por razones de comodidad. El Nodo Norte nos impulsa a desarrollar nuevos hábitos para superar los viejos, y ganar nuevas experiencias para la evolución de nuestra alma.

Orbe: La esfera de influencia de un planeta. El orbe varía para diferentes autores, desde 1 grado hasta 10 grados. La dimensión de este orbe depende del tamaño y fuerza del planeta y del tipo de aspecto planetario.

Regente: Generalmente el planeta que rige el signo considerado su domicilio, en el cual se siente muy cómodo para irradiar su energía.

Sentimiento: La capacidad de sentir amor, odio, dolor físico, emocional o moral. Es la aptitud para recibir las impresiones externas. El sentimiento es un movimiento del alma.

Sinastría: La comparación de cartas natales para averiguar el grado de compatibilidad y la forma en que se desarrolla una relación de pareja, familiar, de negocios, etc.

Bibliografía

Estos autores junto a sus libros son los responsables de haberme aportado los conocimientos técnicos que comparto contigo en esta obra.

Antares, G. *Manual Práctico de Astrología*. Ed. Kier, 1972.

———. *El Arte de la Interpretación Astrológica*. Ed. Obelisco, 1981.

Arroyo, S. *Astrología, Psicología y los Cuatro Elementos*. Ed. Kier, 1989.

———. *Astrología, Karma y Transformación*. Ed. Kier, 1986.

Balbault, A. *Defensa e Ilustración de la Astrología*. Ed. Iberia, 1965.

de Vore, N. *Enciclopedia Astrológica*. Ed. Kier, 1981.

González Sterling y Waxkowsky. *Astrología Kármica Básica*. Ed. Altalena, 1982.

La Biblia: Dios Habla Hoy Sociedad Bíblica Unida, 1983.

Michelsen, N. *The American Ephemeris 1900 to 2000 y 2001 to 2050 at Noon.* ACS Publications, Inc., 1988 y 1992.

LLEWELLYN ESPAÑOL

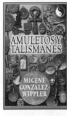    

Sandra Kynes

FENG SHUI
CON GEMAS Y CRISTALES
EQUILIBRANDO LA ENERGÍA NATURAL

El antiguo arte chino del Feng Shui emplea
cristales y gemas para atraer energía positiva
y contrarrestar la negativa en su espacio vital.
Aprenda los conceptos y herramientas básicas
del Feng Shui, las aplicaciones tradicionales
de los cristales y los diferentes atributos
y usos específicos de las gemas.

6" x 9" • 240 Págs.

0-7387-0267-6

GUIA PRÁCTICA A LA

VISUALIZACIÓN
CREATIVA

TÉCNICAS EFECTIVAS

PARA LOGRAR LO DESEADO

DENNING & PHILLIPS

Denning & Phillips
GUÍA PRÁCTICA A LA
VISUALIZACIÓN CREATIVA

Transmita y reciba pensamientos a distancia,
ayude a mascotas perdidas a encontrar
su camino de regreso a casa. Comuníquese
con mascotas fallecidas. Esta obra presenta casos
reales sobre las capacidades psíquicas
de las mascotas

5³⁄₁₆" x 8" • 240 págs.

0-7387-0305-2

Richard Webster

QUIROMANCIA PARA PRINCIPIAN-TES

Realice fascinates lecturas de la mano a
cualquier momento, y en cualquier lugar.
Conviértase en el centro de atención con sólo
mencionar sus habilidades como adivinador.
Una guía que cubre desde las técnicas básicas,
hasta los más recientes estudios en
el campo quiromántico.

5³⁄₁₆" x 8" • 240 págs.

0-7387-0396-6

Richard Webster

ÁNGELES GUARDIANES Y GUÍAS ESPIRITUALES

Por medio de fáciles ejercicios podrá
comunicarse con su Ángel guardian y sus
guías espirituales. Aprenda a reconocer
los sueños que le traen mensajes
del mundo espiritual.

5³⁄₁₆" x 8" • 336 págs.

1-56718-786-2

¿Qué le gustaría leer?

Llewellyn Español desea saber qué clase de lecturas está buscando y le es difícil encontrar. ¿Qué le gustaría leer? ¿Qué temas de la Nueva Era deberían tratarse? Si tiene ideas, comentarios o sugerencias, puede escribir a la siguiente dirección:

EvaP@llewellyn.com
Llewellyn Español
Attn: Eva Palma, Editora de Adquisiciones
2143 Wooddale Drive
Woodbury, MN 55125-2989 U.S.A.
1-800-THE MOON
(1-800-843-6666)